1인브랜딩으로 벤츠를 타라

최서준 지음

1인브랜딩연구소 최서준 회장의 이야기와 깨달음

"고객을 만나도 계약이 안되는가?
아니면 아예 만날 고객이 없는가?"
"1인브랜딩으로 고객이 스스로 찾아오게 하라."
"당신은 벤츠를 타게 될 것이다."

퓨쳐인 베스트

| 목차 |

머리말 _ "당신도 벤츠를 타게 될 것이다"_ 9

01 나는 1인브랜딩으로 인생역전했다

[1장] 최서준의 1인브랜딩이란? _ 13
[2장] 1인브랜딩을 왜 해야 하는가? _ 17
[3장] 돈을 벌고 싶은가? 그 분야의 멘토가 되라 _ 21
[4장] 열심히 살아왔던 당신이 지금도 힘든 이유 _ 25
[5장] 1인브랜딩으로 돈 걱정에서 벗어나다 _ 29
[6장] 1인브랜딩으로 건강 걱정에서 벗어나다 _ 33
[7장] 1인브랜딩으로 미래 걱정에서 벗어나다 _ 37

02 내 가치를 올려주는 1인브랜딩 6단계 비결

[8장] 1인브랜딩 첫째 원리, 1인브랜딩 _ 41
[9장] 1인브랜딩 둘째 원리, 1인플랫폼 _ 43
[10장] 1인브랜딩 셋째 원리, 강연플랫폼 _ 45
[11장] 1인브랜딩 넷째 원리, 1인미디어플랫폼 _ 47
[12장] 1인브랜딩 다섯째 원리, 럭셔리 세일즈 플랫폼 _ 49
[13장] 1인브랜딩 여섯째 원리, 책플랫폼 _ 51
[14장] 최서준을 만나면 당신의 가슴에도 신념이 생긴다 _ 53
[15장] 미루면 후회하고 이루면 행복하다 _ 57
[16장] 돈 버는 건 참 쉽다. 쉽다고 생각하라 _ 61
[17장] 최서준 코치를 특강에서 직접 만나라 _ 63

03 인생은 참 쉽다. 1인브랜딩부터 하면 된다.

[18장] 먹고 살기도 벅찼던 나를 바꿔준 1인브랜딩 _ 67
[19장] 공장 노동자에서 인생역전에 성공하다 _ 71
[20장] 사랑하는 일을 하며 살라. 한 번뿐인 인생 _ 75
[21장] 1인브랜딩 하기 전, 나는 떠돌이 영업사원이었다 _ 79
[22장] 고객에게 전문가로 인정받는 1인브랜딩을 하라 _ 85
[23장] 돈이 노예에서 벗어나고 싶었다 _ 89
[24장] 노동업을 졸업하고 정보업으로 돈을 벌다 _ 93

04 1인브랜딩은 아이템은 내 안에 있다

[25장] 1인브랜딩으로 돈 버는 아이템은 내 안에 있다 _ 99
[26장] 1인브랜딩으로 억만장자 대부호가 되라 _ 103
[27장] 난 1인플랫폼으로 한 분야의 멘토가 되었다 _ 109
[28장] 난 나만의 심플한 성공 원리를 만들었다 _ 113
[29장] 부자아빠가 될 것인가 가난한 아빠가 될 것인가 _ 115
[30장] 1인브랜딩을 구축하고 겪은 놀라운 일들 _ 121
[31장] 돈을 못 벌고 싶어도 못 벌수가 없다 _ 127
[32장] 1인브랜딩으로 자유를 누리게 되다 _ 129
[33장] 난 조직에 얽매이는 삶에서 졸업했다 _ 131
[34장] 내겐 억만장자 플랫포머의 꿈이 있다 _ 137

05 1인브랜딩 아이템을 정하는 '9가지' 체크리스트

[35장] 1인브랜딩 9가지 아이템은 당신 안에 있다 _ 143
[36장] 내 가치를 올리는 1인브랜딩 시스템을 가지라 _ 149
[37장] 나는 내 꿈을 주제로 플랫포머가 되었다 _ 155
[38장] 나는 내 경험을 주제로 플랫포머가 되었다 _ 157
[39장] 나는 내 기술을 주제로 1인플랫폼을 만든다 _ 159
[40장] 난 '돈을 벌 수 있는 능력'에 투자했다 _ 161
[41장] 한번뿐인 내 인생에 과감하게 투자하라 _ 165
[42장] 왜 쉬지 않고 일해도 항상 가난할까 _ 169

06 창조적인 부를 나타내는 삶을 살라

[43장] 창조적인 부를 나타내는 삶을 살라 _ 171
[44장] 안정적인 직장에 다니는 게 제일 두려운 일이다 _ 175
[45장] 특급 호텔에 가지 않는 자와 부를 논하지 말라 _ 177
[46장] 평범한 저도 할 수 있을까요? _ 181
[47장] 지금 사는 게 힘들게 느껴진다면 _ 183
[48장] 첫 책을 베이징 택시 안에서 쓴 이야기 _ 187
[49장] 주변의 부정적인 사람을 다 차단한 이야기 _ 191
[50장] 앞으로 돈 벌기가 점점 더 쉬워질 것이다 _ 195
[51장] 천재 사업가는 휴식하며 아이디어를 얻는다 _ 201
[52장] 당신의 영혼 배터리를 충전하라 _ 207

맺음말 _ "1인브랜딩으로 억만장자 대부호가 되라"_ 213

"당신은 벤츠를 타게 될 것이다"
- 최 서 준 -

[머리말]
"당신은 벤츠를 타게 될 것이다"

당신은 무엇이 최고의 투자라고 생각합니까?

난 나 자신에게 하는 투자가 최고의 투자라는 것을 깨달았습니다. 그게 내 인생을 바꾸는 유일한 길이기 때문입니다.

"최서준의 1인브랜딩은 내 고객이 나를 찾아오게 하는 시스템이다"

난 1인브랜딩 시스템을 가졌고 내 인생이 정말 바뀌었습니다. 지금은 '1인브랜딩으로 벤츠를 타라' 책의 저자가 되었습니다. 2017년 한 해에 열 권의 책을 써냈습니다. 난 '한국1인플랫폼협회'를 운영하는 회장이 되었습니다. 난 '1인플랫폼 저자 특강'을

매주하게 되었습니다. 난 1인플랫폼 분야의 멘토가 되었습니다.

내 꿈과 소원을 이루었습니다. 어떻게 이것이 가능했을까요?

첫째, 난 '1인브랜딩'으로 내 고객이 나에게 스스로 찾아오게 했습니다. 상대방이 나를 만나기도 전에 나를 전문가로 인지한다면 어떻게 될까요? 나에게 도움을 받기 위해 찾아올 것입니다.

둘째, 난 '1인플랫폼 공간'으로 고객이 나를 찾아 올 공간을 만들었습니다. 고객이 스스로 찾아오는 공간을 만드니 내 독자가 내 1인플랫폼에 가입을 하고 지속적으로 날 찾아오게 되었습니다.

셋째, 난 '1인플랫폼 마케팅'으로 한번 마케팅이 아닌 지속적인 마케팅을 했습니다. 난 한두 달에 한 권씩 계속 책을 쓰고 책을 통해 내 고객을 만납니다. 내 이름과 얼굴이 박힌 책이 전국과 세계에 나를 알려주고 있습니다. 마케팅이 자동화 된 것입니다.

넷째, 난 '1인플랫폼 수익화'로 사업을 자동화했습니다. 난 럭셔리 제품을 만듭니다. 한번 만든 럭셔리 책과 미디어는 날 대신해서 일해 줍니다. 평생 사업이 자동화된 것입니다.

당신은 고객을 만나서 '말로 하는 영업'에 지쳤습니까? 당신의 숨은 가치를 표현하고 싶습니까? 고객을 만나러 이리저리 찾아가는 것을 끝내고 싶습니까?

그렇다면 '1인브랜딩' 하십시오. 난 성형외과 영업, 홈페이지 회사 영업, 주류회사 영업 참 많은 영업을 했습니다. 고된 노동일도 많이 했습니다. 영업할 땐 고객을 쫓아다니느라 정신없었습니다. 그렇게 해도 계약은 정작 안됐습니다.

"최서준 작가님, 전 무엇으로 1인브랜딩 해야 할지 모르겠어요. 잘하는 것도 없고요." 아닙니다. 나도 내 가치를 깨닫기 전엔 당신과 같은 고민을 했습니다. 하지만 깨닫고 나니 내 안에 이만큼 많은 아이템이 있었습니다. 내 안에 이미 아이템이 있었습니다.

나는 내 꿈을 가치 있게 1인브랜딩합니다.
나는 내 재능을 가치 있게 1인브랜딩합니다.
나는 내 생각을 가치 있게 1인브랜딩합니다.
나는 내 경험을 가치 있게 1인브랜딩합니다.
나는 내 기술을 가치 있게 1인브랜딩합니다.
나는 내 지식을 가치 있게 1인브랜딩합니다.
나는 내 지혜를 가치 있게 1인브랜딩합니다.
나는 내 믿음을 가치 있게 1인브랜딩합니다.
나는 내 도움을 가치 있게 1인브랜딩합니다.

깨달았습니까? 1인브랜딩의 9가지 아이템은 당신 안에 있습니다. 그것을 표현하고 수익화하는 것이 최서준의 1인브랜딩입니다.
'와, 내 안에 이런 재능도 있네? 이번엔 이걸로 책도 쓰고 1인브랜딩해야지' 난 내 가치를 스스로 잘 압니다. 난 내 가치를 스스로 인정합니다. 난 내 가치에 럭셔리한 가격표를 매깁니다.
당신도 1인브랜딩을 원리를 깨달으면 그렇게 됩니다.

첫째, 1인브랜딩 아이템은 이미 내 안에 있다.

둘째, 1인플랫폼 공간에서 내 고객을 만나라.
셋째, 1인플랫폼 마케팅으로 나를 세상에 알려라.
넷째, 1인플랫폼 수익화로 내 사업을 자동화하라.

당신도 이 책을 읽으며 벤츠를 타게 되는 꿈이 생깁니다. 이 책을 읽으며 내 사업을 하게 됩니다. 인간의 잠재력을 마음껏 발휘하게 됩니다. 그 시작인 1인브랜딩을 이 책으로 시작하게 됩니다.

사랑하지 않는 일을 하기에 인생은 너무나 짧습니다. 당신이 사랑하는 그 일을 지금 시작하십시오. 당신이 잘할 수 있는 그 일을 지금 시작하십시오.

2017년 10월 18일
서준그룹 최서준 회장

1인브랜딩으로 벤츠를 타라. 제 1 장 – 최서준
최서준의 1인브랜딩이란?

당신은 인생을 바꾸고 싶습니까? 원하는 인생이 있습니까?

나 역시 그랬습니다. 직장생활, 영업, 그 무엇을 해도 현상 유지도 힘든 삶이었습니다. 난 성형외과 영업, 홈페이지 회사 영업, 주류회사 영업 참 많은 일을 했습니다.

그랬던 내가 지금은 당신이 읽고 있는 이 책의 저자가 되었습니다. 단 1년도 안 되는 시간에 말입니다. 내가 1인브랜딩의 원리를 깨닫고 모두 일어난 일입니다. 어떻게 그것이 가능했을까요?

"최서준의 1인브랜딩이란 내 가치를 럭셔리하게 만들어주는 시스템이다. 1인브랜딩은 내 고객이 내게 스스로 찾아오게 하는 시스템이다."

최서준이 말하는 1인브랜딩 시스템이란 무엇일까요?

첫째, 1인브랜딩은 내 가치를 표현하는 시스템이다.
둘째, 1인플랫폼은 내 고객을 모으는 시스템이다.
셋째, 1인미디어는 내 사업을 자동화하는 시스템이다.
넷째, 책플랫폼은 지속적인 책브랜딩을 하는 시스템이다.
다섯째, 강연 플랫폼은 천재적인 내 강연을 하는 시스템이다.
여섯째, 럭셔리 세일즈 플랫폼은 한 사람의 삶을 다루는 시스템이다.

난 내 시간, 노력, 돈을 내 위치를 바꾸는데 투자했습니다. 나를 1인브랜딩 할 수 있는 시스템에 투자했습니다. 그리고 내 삶은 모든 면에서 송두리째 바뀌었습니다.

난 책을 읽는 위치에서 책을 쓰는 위치가 되었습니다.
난 여기저기 강의를 들으러 다니는 위치에서 저자 특강을 하는 위치가 되었습니다.
난 제품을 사는 위치에서 내 제품을 파는 위치가 되었습니다.
난 고객을 찾아가는 위치에서 고객이 찾아오는 위치가 되었습니다.
난 뭘 해야 할지 늘 고민만 하는 위치에서 상대에게 고민을 해결해주는 위치가 되었습니다.

내기 책을 쓰는 위치, 특깅을 하는 위치, 내 제품을 파는 위치, 고객이 찾아오는 위치, 상대의 고민을 해결해주는 위치가 되니 내 인생이 바뀌었습니다. 그것이 바로 1인브랜딩의 원리입니다.

난 1인브랜딩으로 내가 그토록 꿈꾸던 1인플랫포머가 되었습니다. 지금 이 책을 저녁 8시, 한강이 보이는 여의도 콘래드 호텔에서 쓰고 있습니다. 난 돈이 한 푼도 없을 때도 특급호텔에서 커피 한잔을 마시는 시간을 꼭 가졌습니다.

그랬던 시간이 이제는 현실이 되었습니다. 이제는 나 자신에게 최고의 투자를 합니다. 당신도 변화의 시간이 필요합니까?

럭셔리 1인브랜딩은 당신의 위치를 바꾸어줍니다. 지금 당신이 해야 할 것은 무엇일까요? 여기저기 사람 만나러 다니는 게 아닙니다. 여기저기 미팅하러 다니는 게 아닙니다.

먼저 고객이 당신을 전문가로 알고 스스로 찾아오게 만드는 일입니다. 그것이 가장 시급하고 중대한 일입니다.

잠재고객이 스스로 당신을 찾아오게 하라

당신은 잠재고객이 스스로 찾아오는 비결을 알고 있습니까?

난 늘 내 잠재고객을 찾으러 다녔습니다. 홈페이지 영업을 할 땐 전화 영업을 많이 했습니다.

"저희는 OO홈페이지 회사입니다. 혹시 사업하시는데 홈페이지는 있으신가요? 저희 회사에서 저렴하고 좋은 디자인으로 홈페이지를 제작해드리고 있어요. 지금 신청하시면 특별히 블로그 마케팅까지 무료로 해드려요."

난 하루에 수십 통의 전화를 걸었습니다. 겨우 일주일에 한두 건 미팅이 잡혔습니다. 고객이 경기도에 있으면 경기도로, 강원도에 있으면 강원도로 차를 타고 갔습니다. 난 한 가지 깨달음을 얻었습니다.

'잠재고객이 날 스스로 찾아오게 하지 않는다면 내 인생은 어떻게 될까? 이렇게 전국으로 고객을 찾으러 다니는 떠돌이 삶이 평생 되겠구나. 지금부터 어떻게 내 인생을 바꿀 수 있지?'

난 해내야 했습니다. 1인브랜딩의 원리를 내 스스로 정립해야 했습니다. 내가 먼저 1인브랜딩을 해서 고객이 찾아오게 만들어야 했습니다. 그리고 결국 해냈습니다.

당신이 1인브랜딩을 하면 인생이 어떻게 바뀔까요?

첫째, 평생 내 고객을 만나게 됩니다.
둘째, 평생 내가 사랑하는 일을 하게 됩니다.
셋째, 평생 나에게 도움을 요청하는 고객이 생깁니다.
넷째, 나를 만나기도 전에 고객이 나를 전문가로 인지합니다.

인생은 사랑하지 않는 일을 하며 살기엔 너무나 짧습니다. 당신이 가장 잘할 수 있는 일, 사랑하는 일을 하십시오.

1인브랜딩으로 벤츠를 타라. 제 2 장 - 최서준
1인브랜딩을 왜 해야 하는가?

1인브랜딩으로 평생 한 분야의 전문가로 살게 된다

당신은 '고객이 스스로 찾아온다'는 생각을 해보았습니까?

난 이런 생각을 해보았습니다. '하루 한명, 내 잠재고객이 나를 찾아온다면 내 인생이 어떻게 될까?'

당신은 이미 구매를 마음먹은 고객만 만나는 비결을 알고 있습니까? 심지어 상담비까지 내고 찾아오는 사람이 있다면 어떻게 될까요? 그것이 정말 가능할까요?

이 책을 쓰기 1년 전, 2016년만 해도 난 아주 어려운 처지였습니다. 영업을 해도 고객을 모으지 못했습니다. 한 달 일해서 겨우

기본급만 받았습니다. 그런 나에게 평생 돈 걱정에서 벗어나려면 두 가지 능력이 필요했습니다.

첫째, 나를 전문가로 브랜딩 하는 방법
둘째, 내 사업의 잠재고객을 모으는 방법

당시 난 주류회사에서 여기저기 식당에 영업을 하러 다녔습니다. 전봇대에 우리 회사의 포스터를 여기저기 붙이는 일을 했습니다. 난 그 일을 하며 내 미래를 그렸습니다.

'그래, 고객이 날 스스로 찾아오게 하는 방법이 있어. 내가 내 가치를 먼저 표현하면 돼. 내 가치를 알고 날 찾아오는 사람이 하루에 한 명만 되어도 어떨까? 그러면 평생 적어도 어떤 일을 하든 먹고 사는 정도의 문제에선 벗어나지 않을까?'

정말 그랬습니다. 난 인생의 첫 번째 문제, 나를 전문가로 표현하는 방법에 먼저 눈 떴습니다. 내가 먼저 전문가로 1인브랜딩이 되어야 사람들이 날 찾아오지 않겠습니까?

난 내가 한 1인브랜딩의 원리를 정립해 이 책에 담았습니다. 당신도 사람들을 찾으러 다니는 영업을 졸업하십시오. 사람들이 나를 먼저 찾아오게 위치를 바꾸십시오. 사람들이 찾아오는 위치가 되면 평생 잠재고객 확보의 고민이 끝날 것입니다.

1인브랜딩으로 평생 사람 모으는 걱정을 졸업한다

당신은 온라인 마케팅을 잘 합니까?

난 온라인 마케팅을 아주 잘했습니다. '내가 어떤 사업을 하든 한 달에 천 명의 잠재고객을 모을 수 있다면 설령 내가 사막에 떨어진다 해도 살아남지 않을까? 사막에서도 물이 필요한 사람들을 모아서 사업을 할 수 있을 테니까 말야'

난 아주 심플하게 생각했습니다. '사업이라는 건 돈을 버는 것이다. 돈을 번다는 건 뭘까? 돈을 벌려면 내 제품을 사줄 고객을 모아야지. 고객을 모으려면 어떻게 해야 할까? 적어도 온라인에서만큼은 뛰어난 능력을 갖추자'

난 온라인 마케팅의 능력을 쌓았습니다. 내가 만든 네이버 블로그는 하루 8천 명이 방문하는 블로그였습니다. 지금도 총 방문자 수가 36만 명입니다. 내가 만든 네이버 카페도 단기간에 회원수가 천 명이 넘었습니다. 하지만 늘 고민이 있었습니다.

'난 동대문 5만 원짜리 가방 인생, 백화점 명품관의 천만 원짜리 샤넬 가방 인생, 어떤 길을 가야 할까? 나는 온라인 마케팅 능력은 있어. 하지만 5만 원 짜리를 팔고 있었어. 난 천만 원짜리 샤넬 가방처럼 럭셔리한 인생을 살고 싶어. 내 럭셔리 가치를 인정하는 사람만 만나고 싶어'

난 럭셔리 가치를 스스로 깨달았습니다.

'마케팅은 고객을 찾아가는 행동이다'
'브랜딩은 고객이 스스로 찾아오게 하는 행동이다'

당신은 동대문 가방처럼 고객을 찾아가고 있습니까? 샤넬 가방처럼 고객이 찾아오게 하고 있습니까?

난 1인브랜딩을 깨닫기 전에 고객을 내가 찾아갔습니다. 온라인 마케팅은 아주 복잡했습니다. 여기저기 메일 홍보, 상위노출 홍보를 할 땐 하루 종일 컴퓨터 앞에 앉아야 했습니다. 온라인 세계에 빠져 살았습니다.

그랬던 내가 이제는 책이 대신 날 마케팅해줍니다. 내가 한번 써둔 책이 전국과 세계의 서점에서 날 홍보해줍니다. 순서를 뒤바꿔 먼저 1인브랜딩부터 하니 내가 세상에 저절로 알려지게 된 것입니다. 가만히 앉아 있어도 독자들의 연락이 옵니다.

"최서준 작가님, 저는 작가님의 1인플랫폼 마케팅 책을 읽고 연락드려요. 여러 가지 영업을 하는데 너무 힘드네요. 특강에 참석해도 되나요?" 오늘 책을 쓰는 중에 내게 온 문자입니다.

당신은 마케팅의 고민을 해결하고 싶습니까? 내가 전문가가 아니면 아무리 고객에게 알려도 고객에게는 그저 시끄러운 소리일 뿐입니다.

하지만 조용히 내 고객이 날 찾아오게 하는 방법이 있습니다. 내 럭셔리 가치를 인정하는 사람만 찾아오게 하는 방법입니다. 이것이 최서준이 말하는 1인브랜딩입니다.

1인브랜딩으로 벤츠를 타라. 제 3 장 - 최서준

돈을 벌고 싶은가? 그 분야의 멘토가 되라

당신은 일을 하면서 무엇을 가장 간절히 원합니까?

난 내가 하고 싶은 공부를 마음껏 하고 싶었습니다. 하지만 난 생계를 위해 바로 내 일을 시작해야 했습니다.

난 흔한 토익 시험을 한번 본 적도 없습니다. 내가 가진 자격증이라곤 운전면허 1종 보통 하나입니다. 그런 내가 직장에 다닐 수는 없었습니다. 스펙이 없었기 때문입니다.

난 어떤 일을 할 수 있었을까요? 내 사업을 하든지 영업을 해야 했습니다. 둘 다 스펙이 필요 없었습니다.

'난 내 사업을 하며 살고 싶은데 언제까지 이렇게 살아야하지? 지금처럼 가면 언제쯤 내가 원하는 삶이 펼쳐질까?' 내가 1년, 2

년, 아무리 열심히 일해도 인생은 바뀌지 않았습니다. 난 무작정 열심히 일한다고 부자가 되는 시대는 아니라는 것을 깨달았습니다. '이렇게 가다간 아마 죽을 때까지 인생길을 헤매기만 하다가 끝나겠구나'

난 내 사업을 하고 싶었습니다. 내 분야의 멘토로써, 전문가로써 나를 표현하고 싶었습니다. 난 플랫폼이라는 분야에 관심이 아주 많았습니다. 난 장차 세계적인 플랫폼을 세우고 싶었습니다.

유튜브 플랫폼의 창업자, 페이스북 플랫폼의 창업자, 구글의 창업자, 그들이 하는 이야기에 귀를 자연스레 기울이게 되었습니다.

'내가 그들을 전문가로 생각하기 때문에 그 사람들 이야기를 찾아보는구나. 그렇다면 내가 사람들에게 전문가로 생각된다면? 내가 한 분야의 전문가로, 멘토로 1인브랜딩 된다면?'

내가 인생에서 원하는 것을 얻을 수 있단 결론이었습니다.

내가 평생 잘할 수 있는 일을 하게 된다.
내가 평생 사랑하는 일을 하게 된다.
내가 쓴 책으로 인세 수입이 들어오게 된다.
내가 하는 강연으로 강연 수입이 들어오게 된다.
내가 만든 제품으로 사업 수입이 들어오게 된다.
평생 존중받으며, 인정받으며 일을 하게 된다.
가만히 있어도 고객이 다양한 경로로 찾아오게 된다.
나를 존중하는 마니아 고객들만 찾아오게 된다.
그 분야를 생각하면 내가 떠오르게 된다.

1인브랜딩을 안할 이유가 없었습니다. 결과가 정해진 게임이었습니다. 지금은 정말 그렇게 되었습니다. 내가 인생의 가장 어두운 터널에 있을 때 떠올린 생각 하나가 내 인생을 바꿨습니다.

당신도 지금 인생의 어두운 터널에 있습니까?

"최서준 작가님, 작가님의 책을 부산 영광문고에서 읽고 연락드립니다. 지금 저는 공무원 은퇴 후에 마냥 쉬고 있어요. 생애설계 자격증은 땄는데 그걸로 뭘 어떻게 시작해야 할지 모르겠네요."

내겐 독자들의 문자와 메일이 자주 옵니다. 이 문자를 보낸 독자는 지금 '나는 은퇴 후 평생 직업이 있다'라는 책을 쓰며 전문가의 길을 가고 있습니다. 강연을 특히 하고 싶다고 했던 꿈이 이루어지고 있습니다.

"저도 정말 강연을 할 수 있을까요? 30년 전부터 가져온 꿈인데요. 어떻게 해야 할진 잘 모르겠지만 꿈을 이루고 싶어요."

나도 처음엔 꿈만 가졌습니다. 하지만 막상 내가 책의 저자가 되니 강연을 하는 것이 당연해졌습니다. 난 1인플랫폼 마케팅 책을 써내고 저자로써 1인플랫폼 특강을 했습니다.

그 자리엔 보험 영업, 은퇴 후 1인연구소 준비, 엄마들이 사업할 수 있게 도와주는 엄마사업가까지 다양한 분들이 왔습니다. 모두 내게 어떤 도움이 필요해서 찾아온 분들입니다.

당신의 사업에도 이렇게 도움이 필요한 사람이 계속 찾아오면 어떻게 될까요? 당신을 찾아오기 전부터 '이 분을 꼭 만나고 싶어'라며 기대하는 사람을 만나면 어떻게 될까요?

간단합니다. 그들을 계속 도와주면 됩니다. 돈은 그 다음에 당연히 따라오는 것입니다. 먼저 도와주는 위치로 1인브랜딩 하십시오. 돈은 그저 따라오는 존재가 될 것입니다.

1인브랜딩을 안하면 바쁘기만 하고 정작 돈은 못 번다

당신은 하루 종일 일하느라 바쁩니까? 아니면 여유 있습니까?

당신은 돈을 일하는 만큼 벌고 있습니까? 아니면 잘 못 벌고 있습니까?

홈페이지 회사에서 영업을 할 때 난 하루 종일 일하느라 바빴습니다. 근데 돈은 잘 못 벌었습니다. 고객 리스트가 있어 여기저기 찾아 가느라 시간이 많이 걸렸습니다. 만나서도 말을 계속 해야 했습니다. 그런데 고객의 마지막 말은 늘 이랬습니다.

"생각 좀 해볼게요." "다시 연락드릴게요."

난 계약 확률이 아주 낮았습니다. 난 그 달의 내 월급 명세서를 보고 깜짝 놀랐습니다. '기본급 100만원, 인센티브 0원'

그렇게 바쁘게 한 달 내내 살았는데 정작 먹고 살기에도 벅찬 돈을 받았습니다. 열심히는 하는데 성과가 없었습니다. 이렇게 가면 먹고 살기도 어려워질 게 뻔했습니다. 이미 힘들었습니다.

1인브랜딩으로 벤츠를 타라. 제 4 장 – 최서준

열심히 살아왔던 당신이 지금도 힘든 이유

　당신은 열심히 사람은 계속 만나는데 지금도 힘들진 않습니까? 열심히 여기저기 다니느라 바쁘기는 한데 일하는 만큼 돈을 못 벌고 있진 않습니까?

　내가 그랬습니다. 이렇게 살다간 일만 열심히 하고 가난하게 사는 '워킹푸어'가 될 것이 뻔했습니다. 아무리 열심히 산다 해도 입에 겨우 풀칠만 할 뿐이었습니다.

　난 내 스스로 '하루 한 명, 잠재 고객이 스스로 찾아오게 만들자. 자, 그러려면 어디서부터 시작해야 할까?' 고민을 시작했습니다. 인생의 악순환을 끊으려면 이 고민을 해결해야 했습니다.

　난 나 자신의 위치를 바꾸는 방법, 나 자신의 가치를 표현하는 방법을 깨달아야 했습니다. 그래야 내 가치를 알아 본 고객이 나를 찾아올 것이기 때문입니다. 난 실행력 하나는 아주 뛰어난 편입니다. 난 바로 실행에 옮겼습니다.

당신은 고객을 만나서 설득을 자주 합니까?

난 고객을 만난 다음 말로 계속 설득했습니다. 그렇게 처음 만난 고객은 아무리 설득해도 구매하지 않았습니다. 당연한 이야기입니다. 어떻게 처음 만난 사람을 전적으로 신뢰하겠습니까?

"말씀 잘 들었습니다. 생각해보고 말씀드릴게요." 이 말을 들었을 땐 힘이 쫙 빠졌습니다. 난 똑같은 말을 앵무새처럼 반복했습니다. 그랬던 내가 이제는 고객을 만나서 할 말을 모두 책에 담았습니다. 미리 책에 담아 놓고 그것을 읽은 사람만 만납니다.

난 대중적인 책을 내지 않았습니다. 난 내 사업을 위한 책을 썼습니다. 내 사업에 찾아 온 고객들이 한 고민을 담았습니다. 그들에게 내가 한 말, 앞으로 찾아올 사람들에게 할 말을 담았습니다.

'내 책을 사서 읽는 사람이 전국에서 몇 명이나 될까?'

그렇게 고민하며 시작했지만 전국 서점에서 '1인플랫폼 마케팅' 책이 완판 되었습니다. 조금이라도 고민할 시간에 한 글자라도 더 책을 쓰는 게 현명한 선택이었습니다.

당신은 지금도 고민하고 있습니까?

고민할 시간에 먼저 내 가치를 표현하는 길을 가는 현명한 선택을 하십시오. 내 가치를 표현하면 돈도, 고객도, 내 사업도 다 따라옵니다.

먼저 내 인생에 투자하라. 그러면 사람도 돈도 따라온다

당신은 고객이 인정할 만한 결과물이 있습니까? '와, 저 분야에서 정말 전문가인가 봐'라고 하는 것이 결과물입니다.

난 어느 날 내 인생을 돌아보았습니다. '내가 그동안 정말 바쁘게 살았던 것 같아. 제대로 휴가도 가본 적 없이 살았지. 영업할 땐 영업하느라 바쁘고 사업할 땐 사업하느라 바쁘고'

그런데 내가 이룬 게 무엇인지 돌이켜봤습니다. '누가 봐도 결과물이라고 인정할 만한 것이 무엇일까? 남들이 날 봤을 때 뭘 보고 인정할까? 내가 그런 것을 만들어 두었는가?'

스스로 생각했습니다. 그리고 답을 이내 내렸습니다.

'없구나, 충격이다'

정말 충격이었습니다. 내가 사람도 만나러 다니고 온라인 마케팅도 열심히 했습니다. 블로그 상위노출도 열심히 했습니다. 다른 건 다 했는데 막상 인생의 결과물은 하나도 남지 않았습니다.

'어떻게 이럴 수 있지?'

사업을 하려면 고객을 만나야 했습니다. 난 고객을 어떻게든 만나려고 온라인에서 전단지를 마구 뿌려댔습니다. 그것이 바로 온라인 마케팅입니다. 변화가에서 전단지를 수백 장, 수천 장 뿌리면 무엇이 남겠습니까? 길거리에 버려진 내 전단지가 남을 뿐입니다.

난 그런 인생을 살았습니다. 남는 건 없이 온라인에서 열심히 떠드는 인생, 난 그런 인생이 싫었습니다.

'내가 내 인생에 투자하자. 평생 남는 것이 무엇일까? 누가 봐도 결과물이라고 할 만한 게 무엇일까? 한번 만들어두면 평생 사업이 자동화 되는 게 뭘까?' 난 그 고민의 답을 찾았습니다. 생각만 하지 않았습니다. 난 결과물로 만들어 냈습니다.

난 내 책의 저자입니다.
난 강연을 하는 강연가입니다.
난 내 제품을 만드는 사업가입니다.
난 1인플랫폼 분야의 전문가입니다.
난 사람들을 상담으로 도와줍니다.
난 사람들을 코칭으로 도와줍니다.

난 나를 전문가로 만드는 1인브랜딩에 투자한 것입니다. 당신은 최고의 투자가 무엇인지 압니까?
바로 나 자신에게 투자하는 것입니다. 나 자신이 우량 주식, 강남의 재건축 아파트, 다이아몬드 1캐럿보다 더 소중하기 때문입니다. 당신은 나 자신에게 얼마나 투자합니까?
인생은 한 번뿐입니다. 이리저리 사람 만나느라 시간을 투자하고 있습니까? 이리저리 돌아다니느라 시간을 투자하고 있습니까? 이리저리 사업 아이템 찾으러 시간을 투자하고 있습니까?
먼저 해야 할 것을 하면 나머지는 따라옵니다. 그 나머지를 찾아 평생 헤매지 마십시오. 내 가치를 표현하는 것이 우선입니다.

1인브랜딩으로 벤츠를 타라. 제 5 장 - 최서준
1인브랜딩으로 돈 걱정에서 벗어나다

내가 만약 1인브랜딩을 하지 않았더라면?

당신에게 돈이란 어떤 의미입니까?

내겐 돈이란 생존 그 자체였습니다. 먼저 생계부터 해결해야 했습니다. 내가 1인브랜딩을 하기 전엔 이름 없는 아무개로 여기저기 찾아다녀야 했습니다. 그렇게 노력해도 계약이 되지 않았습니다. 내가 지금 1인브랜딩하지 않았다면 어떻게 되었을까요?

첫째, 난 지금도 이 아이템 저 아이템 계속 찾으러 다녔을 것입니다. 한 분야에 뿌리내리지 못하고 계속 이 분야 저 분야 관심만 가졌을 것입니다. 시작은 못하고 생각만 하는 몽상가였을 것입니다. 당신도 혹시 생각만 계속 하고 있진 않습니까?

둘째, 조금 버는 돈을 여기저기 다 쓰며 사라졌을 것입니다. 나 자신에게 투자하지 않는 돈은 모두 사라집니다. 내가 아파서 나가는 돈, 집수리에 드는 돈, 누구에게 빌려준 돈은 모두 사라집니다. 내 돈도 그렇게 사라졌을 것입니다.

셋째, 결국 지금쯤 돈이 없어서 아무 것도 할 수 없는 상황이 되었을 것입니다. 그렇게 자포자기하며 뭘 해보겠단 꿈도 희망도 없는 생이 되었을 수도 있습니다.

1인브랜딩으로 돈 걱정에서 벗어나다

난 나 자신에게 아낌없이 투자했습니다. 내 가치를 올리는 일이라면 돈과 시간, 노력을 들였습니다. 지금 당신이 읽고 있는 이 책도 내가 내 가치를 표현한 결과물입니다. 1인브랜딩은 평생 돈 걱정만 하던 내 인생을 완전히 바꾸어 놓았습니다.

첫째, 그렇게 투자했던 내 1인브랜딩이 이제는 내게 돈을 벌어다 줍니다. 내 책은 가만히 있어도 내게 인세 수입을 가져다줍니다. 내가 내 사업을 하며 이제 먹고사는 걱정에서 벗어났습니다.

둘째, 난 1인브랜딩에 투자한 것보다 백배, 천배로 거뒀습니다. 내 인생이 동대문 5만 원짜리 가방에서 백화점 명품관에 전시된 천만 원짜리 샤넬 가방 인생이 되었습니다.

셋째, 난 앞으로도 평생 돈 걱정 없는 길을 갑니다. 계속 나를 브랜딩하고 책을 쓰고 강연을 하고 사업을 하고 내 1인플랫폼을 확장해나가는 것을 반복하면 됩니다. 평생 성공하는 길입니다.

당신은 어떤 길을 가고 싶습니까?

인생은 선택입니다. 하지만 난 강하게 결단했습니다. 한번뿐인 내 인생을 평생 괴로워하며 살지 않겠다고 말입니다. 난 내가 사랑하는 일을 하고 싶었습니다. 평생 인간이 지닌 잠재력을 발휘하는 삶을 살고 싶었습니다. 지금은 정말 그렇게 되었습니다.

당신도 돈 걱정에서 벗어나고 싶지 않습니까? 당신만이 지닌 잠재력을 발휘하고 싶지 않습니까? 이리저리 사람 만나러 다니지 마십시오. 고객이 날 찾아오게 하십시오. 그 실력을 기르십시오.

"전 어떻게 해야 할지 잘 모르겠어요." 난 그런 고객의 마음에 미래를 그려줍니다. 그러면 스스로 깨닫게 됩니다. 조용하게 실력을 쌓는 시간을 가지면 평생 고객이 스스로 찾아오게 됩니다.

당신의 고객은 돈을 가장 소중하게 생각한다

고객을 만나려면 어떻게 해야 할까요? 당신은 그 비결을 알고 있습니까?

난 깨닫기 전엔 이리저리 사람 만나러 다니느라 늘 바빴습니다. 그저 회사에서 주는 고객 리스트를 가지고 마구잡이 전화를 했습니다. 그러다 운이 좋으면 하나씩 계약이 되었습니다.

난 내 사업을 시작하며 '고객이 소중히 여기는 것이 무엇일까?'

생각했습니다. 고객은 돈을 가장 소중히 여겼습니다. 그래서 난 고객의 입장에서 '내가 당신에게 도움을 줄 수 있어요. 내게 이런 도움이 있어요. 내가 당신의 문제를 해결해 줄 수 있어요. 그 문제는 나만이 해결해줄 수 있어요'라고 표현했습니다.

그것이 내 첫 책 '1인플랫폼 마케팅'입니다. 난 당신의 입장에서 생각합니다. 고객이 고민하는 것을 책에 담아두면 책을 읽고 고객이 스스로 찾아옵니다.

고객이 날 만나기 전부터 내 가치를 알고 찾아온다면 어떻게 될까요? 당신의 가치를 고객에게 먼저 표현한다면 어떻게 될까요? '와, 이분이 이 분야의 전문가야'라고 가치를 알고 찾아오는 고객을 만나면 삶이 어떻게 바뀔까요? 한 번만 위치를 바꾸면 됩니다.

나와 함께하는 작가님, 플랫포머님들은 그 길을 가고 있습니다. 토지 영업을 하는 작가님은 무작위 텔레마케팅 영업으로 실적이 '0'이었습니다. 처음 보는 사람에게 전화해서 어떻게 계약을 하겠습니까? 지금 그는 '직장인, 토지로 인생2막을 준비하라'는 책을 쓰고 '토지성공연구소'라는 1인플랫폼을 운영하고 있습니다.

공무원 은퇴 후에 3년간 아무 것도 못하고 놀다가 문득 '내가 이렇게 살다간 퇴직금도 다 쓸 텐데'라고 고민하던 작가님이 있습니다. 지금 그는 '은퇴 전에 백세인생을 설계하라'는 책을 쓰고 자기 사업을 시작했습니다.

나 역시 처음엔 고민만 많았습니다. 아무 성과를 못 냈습니다. 하지만 내가 먼저 바뀌니 세상이 다 바뀌었습니다.

1인브랜딩으로 벤츠를 타라. 제 6 장 – 최서준

1인브랜딩으로 건강 걱정에서 벗어나다

내가 만약 1인브랜딩을 하지 않았더라면 내 건강은?

당신은 일을 하면서 스트레스를 많이 받습니까?

난 일 스트레스, 돈 스트레스를 많이 받았습니다. 생각이 많아서 밤에 잠도 잘 못 잤습니다. 난 건강하지 못한 삶을 살고 있었습니다.

첫째, 스트레스가 만병의 근원입니다. 난 이렇게 살다간 결국 몸이 아프고 병이 걸릴 것 같았습니다. 살아도 행복하지 않았습니다. 행복하려고 돈을 법니다. 그런데 돈을 버는 게 괴로우면 무슨 소용이겠습니까?

둘째, 건강을 잃으면 가진 돈을 다 건강을 회복하는데 쓰게 됩니다. 당신은 지금 건강합니까? 난 건강하지 못했습니다. 가끔 일용직 일을 하면 고된 노동을 했습니다. 그러면 다음 날은 약값, 병원비로 나갔습니다.

셋째, 건강을 잃으면 어떻게 될까요? 결국 가족이 고생합니다. 내가 건강하지 못하면 가족도 행복하지 못합니다. 당신은 당신의 건강을 얼마나 소중히 여기고 있습니까?

난 내 건강을 소중히 여길 여유도 없었습니다. '아니, 지금 당장 목구멍이 포도청인데 무슨 건강이야?' 그렇게 일만 하다 결국 몸이 아파서 한 달 쉬면 그달은 병원비와 생활비로 다 나갔습니다.

1인브랜딩으로 잃어버린 건강을 되찾다

난 지금 건강합니다. "최서준 작가님, 1년 전에 뵐 때와 완전 달라지셨네요? 더 밝아졌어요. 하하. 좋은 일 있으신가 봐요." 주변 사람들의 말도 달라졌습니다. 어떻게 이것이 가능했을까요?

첫째, 내가 하고 싶은 일만 하니 건강해졌습니다. 만나고 싶은 사람만 만나니 건강해졌습니다. 일하고 싶을 때만 일하니 건강해졌습니다. 당연한 것 아니겠습니까?

둘째, 난 건강한 음식만 먹었습니다. 몸이 건강해지는 곡식, 채소, 야채, 과일을 먹었습니다. 난 내 몸에 아낌없이 투자했습니다. 술, 담배는 처음부터 하지 않았습니다.

셋째, 하기 싫은 일은 안합니다. 만나고 싶지 않은 사람은 안 만납니다. 일하기 싫을 땐 안합니다. 그러면 스트레스가 없어져 건강해집니다. 내가 전문가가 되면 선택할 여유가 생깁니다. 이리저리 돌아다닐 필요도 없습니다. 심플하지 않습니까?

이 모든 변화는 내가 1인브랜딩 되었기에 가능한 것입니다. 여기저기 사람 만나느라 돌아다니지 않으니 더 건강해집니다. 찾아가서 상대방 설득하느라 진을 빼지 않아도 됩니다. 건강해지고 싶습니까? 건강해지는 원인을 만드십시오.

이렇게 살다간 가족에게 도움을 주지 못하게 된다

당신은 가족에게 어떤 사람이 되고 싶습니까? 자랑스러운 아빠, 자랑스러운 남편, 자랑스러운 아내, 자랑스러운 자녀가 되고 싶지 않습니까? 당신은 누군가를 책임져야 할 위치에 있습니까? 가족을 중요하게 생각합니까?

첫째, 난 이대로 가면 가족을 도울 수 없다는 것을 깨달았습니다. 내가 먼저 바로 서야 가족을 도울 수 있습니다. 내가 바로 서지 못하는데 어떻게 가족을 도울 수 있겠습니까?

둘째, 난 이렇게 가다간 심지어 계속 가족에게 도움을 받아야 한다는 것을 깨달았습니다. 내가 바로 서지 못하면 도움 받아야 합니다. 난 내 스스로 바로 서고 싶었습니다.

셋째, '가족에게 짐이 될 것인가? 도움이 될 것인가?' 난 도움이 되기를 선택했습니다. 내 인생에 투자하는 것이 곧 가족을 위한 투자라는 것을 깨달았습니다.

사랑하는 가족을 위해 힘이 되고 싶다면?

난 인생을 길게 보았습니다. 가장 먼저 나 자신에게 투자했습니다. 내가 책의 저자가 되었고 강연가가 되었습니다. 내가 내 사업을 하고 위치가 바뀌었습니다. 당신도 위치를 바꾸고 싶습니까? 당신이 위치를 바꾸면 어떤 일이 일어날까요?

첫째, 나로 인해 가족의 인생이 모두 달라집니다. 내가 바뀌면 가족도 바뀝니다. 내가 바뀌면 세상도 바뀝니다. 당신은 변하고 싶습니까?

둘째, 가족에게 도움을 줄 수 있습니다. 가장 좋은 도움은 무엇일까요? 물고기도 잡아주고 물고기 잡는 방법도 알려주는 것입니다. 물고기를 잡는 최고의 낚싯대도 사주면 됩니다. 돈이 없어서 고민이지 돈이 있으면 할 수 있는 게 너무나 많은 세상입니다.

셋째, 난 그동안 고생한 내 자신에게 보답을 해줍니다. 좋은 것도 먹고 좋은 곳도 가고 좋은 것을 누리는 것입니다. 내가 꿈을 이루면 그동안 가족이 고생한 것을 모두 보답해 줄 수 있습니다.

당신은 어떤 삶을 살고 싶습니까?

1인브랜딩으로 벤츠를 타라. 제 7 장 - 최서준

1인브랜딩으로 미래 걱정에서 벗어나다

내가 만약 1인브랜딩을 하지 않았더라면 내 미래는?

당신은 인생을 길게 보고 있습니까?

난 인생을 길게 보았습니다. 인생 백세 시대라고 합니다. 앞으로 100세, 120세, 150세 시대가 올 것입니다. 모두가 노후와 은퇴를 준비합니다. 그러나 제대로 준비하는 사람은 없습니다.

첫째, 준비하지 않으면 있는 돈을 모두 잃게 됩니다. 조금씩 나가든 한꺼번에 나가든 결국 '0'이 되는 게임입니다. 난 이렇게 되긴 싫었습니다.

둘째, 30년 모은 돈을 3년 만에 잃는 사람들이 너무나도 많습니다. 프랜차이즈 창업, 자영업 창업으로 한 순간에 날리는 것입니다. 사무실 1층에 있는 편의점은 얼마 전 주인이 또 바뀌었습니다.

셋째, 오히려 빚까지 지는 경우도 있습니다. 난 1인브랜딩을 하기 전 여기저기 떠돌이 영업을 했습니다. 아이템을 찾으러 이 분야 저 분야 많이 알아봤습니다. 돈도 시간도 많이 썼습니다. 그건 사업이 아니었습니다. 사업가는 자기 결과물을 만드는 사람입니다.

당신은 어떻게 미래를 준비하고 있습니까?

난 준비되지 않은 현실은 무서운 것이란 걸 깨달았습니다. 미래는 그보다 더 무서울 것 같았습니다. 그래서 난 행복하지 않았습니다. 인생을 왜 삽니까? 행복하려고 살지 않습니까? 하지만 내겐 인생이 늘 막막한 존재였습니다.

1인브랜딩으로 미래가 확실한 인생을 살게 되다

당신은 미래가 명확한 인생을 살고 싶습니까?

난 이제 내 미래가 아주 명확합니다. 그렇게 막막한 삶을 살던 내가 어떻게 단기간에 바뀌게 되었을까요?

첫째, 난 평생 내가 잘할 수 있는 일, 내가 사랑하는 일로 1인브랜딩 했습니다. 내가 한 분야의 전문가로 브랜딩도 하고 책도 쓰고 내 1인플랫폼도 만들었습니다. 더 이상 이리저리 돌아다닐 필요가 없었습니다. 그 일로 돈을 벌면 되었기 때문입니다.

둘째, 난 평생 직업을 가졌습니다. 난 작가입니다. 평생 책을 쓸 것입니다. 난 강연가입니다. 난 평생 강연을 할 것입니다. 난 사업가입니다. 평생 사업을 할 것입니다.

내가 하는 일은 정년도 없습니다. 은퇴도 없습니다. 출근도 없습니다. 퇴근도 없습니다. 난 내가 사랑하는 일을 하며 그것으로 책도 씁니다. 얼마나 행복합니까?

셋째, 내겐 미래에 대한 걱정이 없습니다. 그 걱정을 할 시간에 책을 한 글자라도 더 쓰는 것이 지혜로운 일이란 것을 깨달았습니다. 그러면 책이 팔릴 때마다 인세수입이 들어옵니다.

난 이제 미래가 두렵지 않습니다. 미래가 막막하지도 않습니다. 난 사람들이 고객을 만나는 걸 어려워한다는 것을 잘 압니다. 내가 그랬기 때문입니다. 그래서 난 그들의 어려움을 도와주는 일을 하고 있습니다. 그들에게 도움을 주는 일을 하며 난 평생 내가 사랑하는 일을 할 것입니다.

당신의 미래에 누가 답을 줄 수 있는가?

내가 1인브랜딩을 하기 전엔 늘 불안했습니다. 내가 내 1인플랫폼을 갖기 전엔 늘 남의 일만 도와줘야 했습니다. 내가 내 책을 갖기 전엔 늘 남의 책만 이리저리 사서 읽었습니다. 내가 내 강연을 하기 전엔 여기저기 계속 남의 이야기를 들으러 다녔습니다.

난 책을 정말 많이 읽었습니다. '부자아빠 가난한아빠' 같은 경제 서적부터 유튜브, 구글 창업자들의 플랫폼 이야기까지 다양했습니다. 그래도 난 답을 찾지 못했습니다. 그건 남의 성공담이었습니다. 내겐 '내가 1인브랜딩으로 내 사업을 시작하고 평생 지속할 수 있는 원리'가 필요했습니다.

그래서 내가 그 책을 썼습니다. 그게 바로 당신이 읽고 있는 이 책입니다. 책에서 못다 한 이야기는 1인브랜딩 특강에서 합니다. 당신도 내 온라인 카페에 가입하면 특강에 참석할 수 있습니다.

당신에겐 고민만 하고 있을 때 도와주는 사람이 있습니까? 같은 고민을 하고 해결한 사람이 있습니까? 당신의 미래를 위해 진지하게 고민해주는 사람이 있습니까? 누가 당신의 미래에 대해 답을 줄 수 있습니까?

당신의 현실을 바꿔주는 사람이 있는가?

난 내 현실을 바꿔줄 방법이 필요했습니다. 난 내 미래를 바꿔줄 방법이 필요했습니다. 그것이 바로 1인브랜딩이었습니다. 내 가치를 표현하는 길, 그걸 보고 고객이 찾아오는 길, 날 만나기도 전에 날 존중하는 고객만 만나는 길이었습니다.

이걸 매일 반복하면 매일 나를 찾아오는 고객을 만날 수 있었습니다. 그러면 난 평생 내 일을 하며 살 수 있었습니다. 그게 고민의 끝이었습니다. 당신은 지금 어떤 고민을 하고 있습니까? 당신의 평생 고민에 답을 주는 사람이 있습니까?

1인브랜딩으로 벤츠를 타라. 제 8 장 - 최서준

1인브랜딩 첫째 원리, 1인브랜딩

　1인브랜딩은 고객이 나를 찾아오게 하는 시스템입니다. 그 첫 단계는 내 가치를 표현하는 것입니다. 남녀 사이에도 사랑을 표현하지 않습니까? 당신은 고객에게 어떤 가치를 표현하고 있습니까?

　상대방이 나를 만나기도 전에 나를 전문가로 인지하도록 나를 표현하고 있습니까? 오프라인에서 아무리 바쁘게 움직여도 돈을 벌지 못하는 이유가 무엇일까요?

　내가 전문가가 아닌 채로 무작정 고객을 만나기 때문입니다. 나를 다이아몬드로 표현하지 않으면 어떻게 될까요? 고객은 나에게 계약하지 않습니다. 1인브랜딩 하지 않고 여기저기 사람 만나느라 바빠도 정작 돈은 못 법니다.

첫째, 당신의 평생 아이템을 찾으라.
둘째, 결과로 인정받는 전문가가 되라.
셋째, 당신의 이름과 얼굴이 박힌 책을 써내라.
넷째, 평생 고객을 도와주는 행복한 사업가로 살라.

당신이 어떻게 1인브랜딩 해야 할지 모르겠습니까? 어떻게 시작해야 할지 모르겠습니까? 난 내 안에 1인브랜딩의 9가지 아이템이 있다는 것을 깨달았습니다.

난 내 꿈을 1인브랜딩으로 만들었습니다.
난 내 재능을 1인브랜딩으로 만들었습니다.
난 내 생각을 1인브랜딩으로 만들었습니다.
난 내 경험을 1인브랜딩으로 만들었습니다.
난 내 기술을 1인브랜딩으로 만들었습니다.
난 내 지식을 1인브랜딩으로 만들었습니다.
난 내 지혜를 1인브랜딩으로 만들었습니다.
난 내 믿음을 1인브랜딩으로 만들었습니다.
난 내 도움을 1인브랜딩으로 만들었습니다.

'난 잘하는 것도 없어. 지금까지 뭘 진득하게 해온 것도 없어' 난 깨닫기 전엔 몰랐습니다. 여기저기 검색을 하고 창업 박람회에 가서 찾았습니다. 아무리 찾아도 없었습니다. 내 안에 있는 것을 끄집어내는 것이 평생 지속되는 1인브랜딩의 비결입니다.

1인브랜딩 둘째 원리, 1인플랫폼

당신은 잠재고객이 스스로 찾아오게 만들고 싶습니까?

난 그렇게 만들고 싶었습니다. 그러려면 무엇이 필요할까요?

난 나에게 고객이 찾아올 공간이 먼저 필요하다는 것을 깨달았습니다. 그래서 난 온라인에 내 1인플랫폼 공간을 만들었습니다.

컴퓨터와 스마트폰에 http://onemanceo.com 주소를 입력하면 당신도 내 1인플랫폼에 가입할 수 있습니다. 난 내 분야에 관심 있는 잠재고객, 내 책을 읽은 독자를 내 1인플랫폼의 회원으로 관리하고 있습니다. 당신도 수천 명의 회원을 지속적으로 관리하면 어떻게 되겠습니까?

난 가장 먼저 세계적인 꿈을 이룰 서준그룹을 세웠습니다.
첫 번째 계열사로 1인플랫폼연구소를 세웠습니다.
두 번째 계열사로 1인브랜딩연구소를 세웠습니다.
세 번째 계열사로 책플랫폼연구소를 세웠습니다.
난 내가 잘할 수 있는 일을 1인플랫폼으로 세웠습니다.
난 고객이 원하는 도움을 1인플랫폼으로 세웠습니다.
난 당신이 고민하는 문제도 1인플랫폼으로 세웠습니다.

사업의 시대가 바뀌었습니다. 큰 매장과 직원이 없어도 됩니다. 내 안에 있는 천재적인 재능을 살려 럭셔리 사업을 하는 시대가 되었습니다. 당신 안에는 어떤 천재적인 재능이 있습니까?

첫째, 1인플랫폼을 세우고 당신의 재능을 표현하라.
둘째, 1인플랫폼은 당신의 사업 매장임을 깨달으라.
셋째, 1인플랫폼에서 당신의 특강과 상담을 하라.
넷째, 평생 내 고객을 관리하고 그들에게 도움을 주라.

당신은 깨달았습니까?

지속적인 도움을 주면 고객은 믿음과 신뢰를 가집니다. 그 고객은 당신에게 도움을 받기 위해 손을 내밀 것입니다. 럭셔리 사업을 하는 탁월한 비결은 온라인에 나만의 1인플랫폼을 구축하는 것입니다. 그리고 내 1인플랫폼에 가입하고 나를 존중하는 고객만 만나는 것입니다.

1인브랜딩으로 벤츠를 타라. 제 10 장 – 최서준
1인브랜딩 셋째 원리, 강연플랫폼

당신은 강연을 하고 싶은 꿈이 있습니까?

내겐 내 깨달음을 사람들에게 알리는 강연가의 꿈이 있었습니다. 어떻게 하면 강연을 할 수 있을까요?

꿈을 심어주는 강연의 시대가 열렸습니다.
길을 알려주는 강연의 시대가 열렸습니다.
방법을 알려주는 강연의 시대가 열렸습니다.
생각을 바꿔주는 강연의 시대가 열렸습니다.
지식을 알려주는 강연의 시대가 열렸습니다.
지혜를 알려주는 강연의 시대가 열렸습니다.

도움을 주는 강연의 시대가 열렸습니다.
문제를 해결해주는 강연의 시대가 열렸습니다.
재능을 전해주는 강연의 시대가 열렸습니다.

당신은 깨달았습니까? 시대가 변했습니다. '열심히 일하고 성실하게 일하면 부자가 될 거야' 이런 시대는 지났습니다.

이제는 고객도 천재적으로 만나야 하는 시대입니다. 난 내 고객을 강연에서 만납니다. 처음부터 내게 관심이 있었기 때문에 날 찾아옵니다. 처음부터 내게 도움을 받기 위해 날 찾아옵니다.

당신도 이렇게 쉽게 고객을 만나고 싶지 않습니까?

첫째, 내 안에 있는 9가지 천재강연가의 재능을 깨달으라.
둘째, 그것으로 당신의 이름과 얼굴이 박힌 책을 써내라.
셋째, 책을 읽은 독자를 만나 저자특강을 하라.
넷째, 천재적인 강연 7가지 원리를 코칭받고 평생 고객을 만나라.

난 고객 앞에서 제대로 말도 못하던 사람입니다. 그러던 내가 내 안에 있는 천재강연가의 재능을 깨달았습니다. 내 진짜 모습은 천재강연가의 모습이었습니다.

당신도 천재적인 강연을 코칭받고 깨달아 평생 카리스마 있는 리더의 길을 가십시오. 당신도 나를 찾아오면 9가지 천재강연가의 재능을 깨닫게 됩니다. 천재적인 강연으로 내 고객을 이끄십시오.

1인브랜딩 넷째 원리, 1인미디어플랫폼

어떻게 하면 내 사업이 자동화 될 수 있을까요?

난 내 사업을 자동화했습니다. 난 내 책을 읽은 독자, 내 1인플랫폼의 고객만 만납니다. 그러면 만나서 설득하지 않아도 됩니다.

당신도 당신이 하는 말에 가치를 깨달은 고객만 만나고 싶지 않습니까? 나를 존중하고 내 제품을 구매하고 싶어 하는 사람만 만나고 싶지 않습니까?

첫째, 고객을 만나서 할 말을 책에 담으라.
둘째, 고객을 만나서 할 말을 미디어에 담으라.
셋째, 책과 미디어를 고객에게 전하고 그것을 본 고객만 만나라.

넷째, 1인미디어로 당신의 사업을 자동화하라.

난 고객을 많이 만났습니다. 같은 말을 계속 반복했습니다. 어떻게든 설득하려고, 내 믿음을 보여주려고 새벽 1시까지 사무실에서 고객과 상담한 적도 있습니다. 이젠 그러지 않아도 됩니다.

당신의 깨달음과 지혜를 1인미디어에 담으십시오.
당신의 제품에 대한 유익을 1인미디어에 담으십시오.
고객이 원하고 필요로 하는 것을 1인미디어에 담으십시오.
내 제품을 사면 일어날 미래를 1인미디어에 담으십시오.

난 내 분신인 내 책을 계속 만듭니다. 난 내 분신인 내 영상을 계속 만듭니다. 그것에 가치를 더합니다. 그것을 럭셔리 제품으로 만들어 계속 곳간에 쌓습니다.

난 이제 고객을 만나러 여기저기 쫓아다니지 않습니다. 조용히 나만의 시간에 내 깨달음을 글로, 말로 쌓습니다. 그것을 고객에게 전해주면 고객도 스스로 깨닫습니다.

당신은 존중받는 사업을 하고 싶습니까?

그렇다면 먼저 존중받는 위치로 가십시오. 그리고 존중받는 결과물을 만드십시오. 난 고객의 문제를 1인미디어로 해결합니다. 난 1인미디어로 고객이 필요한 것을 채워줍니다. 난 내 가치를 스스로 백화점 명품관의 '샤넬'처럼 만듭니다.

1인브랜딩 다섯째 원리, 럭셔리 세일즈 플랫폼

당신은 당신의 마니아 고객을 만나고 싶습니까?

내 제품을 한 번 사고 두 번 사고 세 번 사고 평생 사는 그런 고객이 있다면 얼마나 좋을까요?

난 그런 고객을 '럭셔리 고객'이라고 합니다. 난 만 원짜리 제품 천 개를 파는 사업을 하지 않습니다. 대신에 천만 원짜리 제품을 하나 파는 럭셔리 사업을 합니다. 그것이 바로 세계적인 럭셔리 브랜드 '샤넬'이 하는 방식입니다.

난 평생 '한 사람의 삶을 다루는' 럭셔리 세일즈를 합니다. 당신도 럭셔리 세일즈를 하고 싶습니까?

첫째, 내 이름과 얼굴이 박힌 내 책을 읽은 독자를 만나라.
둘째, 내 깨달음을 전하는 특강에서 청중을 만나라.
셋째, 나를 만나지 않으면 어떻게 되는지 알려주라.
넷째, 나를 만나면 어떻게 되는지 미래를 그려주라.

난 심플한 원리를 정립했습니다. 영업을 하며 난 성과를 못 냈습니다. 이리저리 회사를 옮겨 다녔고 결국 아무 결과도 못 얻었습니다. 그랬던 내가 달라진 것입니다.

당신은 세일즈에 어려움을 겪고 있습니까? 만날 고객이 없는 게 문제입니까? 만나서 잘 안됩니까? 아니면 둘 다 문제입니까?

난 내 위치를 바꿨습니다. 럭셔리한 위치, 저자와 강연자의 위치, 1인브랜딩의 위치, 내 삶과 깨달음을 전하는 위치, 고객의 문제를 해결해주는 위치, 고객을 상담해주는 위치로 바꿨습니다.

난 마지막으로 '럭셔리 세일즈'를 하는 위치로 바꿨습니다. 바로 한 사람의 삶을 다루는 위치입니다.

이제 말을 잘해서 영업을 하는 시대는 끝났습니다. 이제 설득을 잘해서 영업을 하는 시대는 끝났습니다. 어떻게든 방문해서, 지인 소개를 받아서, 무작정 찾아가서 영업을 하는 시대는 끝났습니다.

당신은 스스로의 가치를 어떻게 표현하고 있습니까?

난 내 가치를 먼저 럭셔리하게 표현합니다. 그러면 고객이 스스로 찾아옵니다. 고객은 럭셔리한 샤넬 가방을 원하기 때문입니다.

1인브랜딩으로 벤츠를 타라. 제 13 장 – 최서준
1인브랜딩 여섯째 원리, 책플랫폼

당신은 가장 천재적인 1인브랜딩 방법이 책브랜딩이라는 것을 알고 있습니까?

난 내 책에 내 이름과 얼굴을 크게 박았습니다. 나 최서준을 브랜딩하는 책이기 때문입니다. 책 내용은 흔히 보는 자기계발서와는 완전 다릅니다.

"이 책 뭐야?" 하던 독자가 "와, 그렇구나"하고 끝나는 책이 내 책입니다. 책 안에 내 이야기, 내 깨달음, 내 경험이 가득하기 때문입니다. 당신도 당신의 가치를 마음껏 표현하고 싶습니까?

첫째, 책 한 권이 아닌 백 권을 쓰는 시스템을 가지라.

둘째, 책을 쓰고 강연, 상담, 제품, 미디어로 연결되게 하라.
셋째, 책이 곧 내 사업의 시작과 끝이 되게 하라.
넷째, 시간은 돈으로 살 수 없다. 세월을 아끼는 투자를 하라.

난 '1인플랫폼 마케팅' 책을 써냈습니다. 난 목적이 명확했습니다. '난 작가로 끝나지 않을 거야. 내 사업, 내 브랜딩, 내 마케팅, 내 제품, 내 럭셔리 가치까지 올릴 거야' 난 정말 그렇게 됐습니다.

난 '1인플랫폼 마케팅' 책 하나로 1인플랫폼 특강, 1인플랫폼 스쿨을 만들었습니다. 내 고객이 찾아오면 고객에게 도움을 주는 1대1 코칭도 만들었습니다. 내가 가진 노하우와 지혜를 담은 '1인플랫폼비결'이라는 비법서도 써냈습니다.

내가 깨닫기 전엔 인생을 많이 허비했습니다. 허송세월을 많이 했습니다. 그래서 난 세월을 버는 것이 가장 현명한 투자라는 것을 압니다. 난 2017년 한해 10권의 책을 출간했습니다. 내 인생의 기념비적인 해가 되었습니다.

내년에는 어떨까요? 난 이제 한계가 없는 삶을 삽니다. 난 매일이 기대되는 삶을 삽니다. 책을 읽은 독자만 만나니 고객을 행복하게 만납니다. 내 고객도 책의 저자를 직접 만나니 행복해 합니다.

책에는 신적인 카리스마가 있습니다. 내게 이런 지혜를 주신 성령님께 감사합니다. 당신도 신적인 카리스마를 표현하십시오.

1인브랜딩으로 벤츠를 타라. 제 14 장 – 최서준

최서준을 만나면 당신의 가슴에도 신념이 생긴다

당신은 마음속에 확고한 신념이 있습니까?

내겐 최고의 재산인 '신념'이 있습니다. 난 토익 점수도 뛰어난 스펙도 없었습니다. 그런 내가 회사에 취직을 하는 건 어려웠습니다. 난 어떤 일을 해야 했을까요?

난 영업 분야의 희망을 가지고 일했습니다. 하지만 아무런 성과를 내지 못했습니다. 주식방송 영업, 성형외과 영업, 홈페이지 영업, 주류회사 영업까지 난 실적을 못 냈습니다.

나에게는 태양인처럼 으리으리한 덩치도 없었고 화려한 언변과 제스처도 없었습니다. 그저 내 사업을 하며 나도 한번 태어나 빛나는 인생을 살고 싶었습니다.

당신은 지금 인생이 술술 잘 풀리고 있습니까? 아니면 '탁'하니 뭔가 막혀 있습니까? 내 인생은 마음처럼 되지 않았습니다. 생계를 유지하느라 빚은 계속 쌓였습니다.

하루도 마음 편할 날이 없었습니다. '내 일도 잘 안 되고 있는데 무슨 휴식이야? 더 열심히 하자'

그땐 내게 '천재는 휴식부터 하고 아이디어를 얻는다'는 깨달음이 없었습니다. 내가 자본주의 사회에서 어떻게 하면 잘살 수 있을까 마지막 남은 역전홈런을 기대했습니다.

두 가지 패로 자본주의 사회에서 역전홈런을 날리다

정말 다행이었습니다. 내겐 두 가지 패가 있었습니다. 하나는 정신력과 신념입니다. 다른 하나는 '이거' 하나만 알고 있으면 평생 먹고 사는데 지장 없는 기술을 안 것입니다.

최서준의 1인브랜딩 오프라인 1대1 코칭에서는 이것을 알려줍니다. 이것 하나만 알고 있으면 난 평생 풍요를 누리며 살 수 있습니다. 그만큼 값진 것입니다. 나는 이것을 알고 있었기 때문에 내 1인플랫폼도 바로 시작할 수 있었습니다.

그것이 무엇일까요? 그것만 안다면 당신의 삶에도 실마리를 풀 수 있지 않을까요? 내가 안 것을 당신도 안다면 어떻게 될까요?

난 자본주의 사회에 살면서 부에 대한 강한 열망이 있었습니다. 상황을 원망하지 않고 내가 내 선택에 책임을 진다는 올바른 신념이 있었습니다.

잠재고객이 스스로 찾아오게 하는 방법을 배우라

다른 하나는 바로 '잠재고객이 스스로 찾아오게 하는 방법' 하나만 알면 내가 자본주의 사회에서 원하는 삶을 살 수 있단 것이었습니다. 난 이렇게 생각했습니다.

'내가 어떤 사업을 해도 잠재고객만 줄 세울 수 있다면 사막 한 가운데서 사업을 해도 내 인생을 일으켜 세울 수 있지 않을까?'

그렇게 난 지금 내가 운영하는 1인플랫폼 구축 원리와 잠재고객 모으는 원리를 연구했습니다. 내가 그 원리를 정립하고 실제로 내 인생부터 바꾸기로 했습니다. 이것이 맞는다면 사람들에게 알려줘서 도움을 줘야겠단 깨달음을 얻었습니다.

난 2016년 5월, 주류회사 영업, 예식장 일용직, 1인플랫폼 연구 쓰리잡을 하며 1인플랫폼연구소 온라인 카페를 만들었습니다. 1인플랫폼 사업을 시작하고 '단 30일' 만에 난 내가 하는 다른 모든 일을 그만둘 수 있었습니다.

그날 이후로 나에게 출근과 퇴근은 의미 없는 일이 되었습니다. 평생 일의 노예, 회사의 종노릇을 해오다 드디어 '통쾌한 인생역전'에 성공한 것입니다.

앞으로 98년 IMF보다 더 힘든 경제위기가 다가올 것이다

난 첫 책에 '앞으로 98년 IMF 보다 더 심한 경제위기가 올 것입니다'라고 썼습니다. 오프라인 사회는 침몰하는 타이타닉호가 되고 있습니다. 내가 아무리 노력을 해도 성과가 없었습니다. 앞으로는 더 어려워질 것입니다.

당신은 어떻게 앞으로 다가올 미래를 준비하고 있습니까? 어떻게 현실 속의 돈 문제를 풀어갈 것입니까? 당신은 한 가지 능력만 갖춘다면 어떤 능력을 가지고 싶습니까? 평생 사업상의 고민이 없어진다면 당신도 그것을 가지고 싶지 않습니까?

난 이 글을 워커힐 호텔에서 커피 한잔을 마시며 쓰고 있습니다. 많은 것들이 달라졌습니다. 내가 입는 옷도, 내가 마시는 커피도, 내가 가는 장소도 다 변했습니다. 하지만 변하지 않는 가치가 있습니다. 그것이 무엇일까요?

그것은 바로 내 강인한 신념입니다. 난 두려웠습니다. 하지만 두려움에 정면으로 맞섰습니다. '아, 두려움은 허상이구나. 내가 안해서 두려운거지 하니까 아무것도 아니네?' 난 깨달았습니다.

나는 내 안에 성령님과 함께하는 믿음이 있습니다. 내 마음 안에 확고한 신념만 있다면 설령 돈 한 푼 없이 사막에 떨어져도 다시 일어설 수 있을 것입니다. 난 오늘도 내 안에 살아 숨 쉬고 계시는 성령님과 함께 합니다.

"성령님, 사랑합니다."

1인브랜딩으로 벤츠를 타라. 제 15 장 - 최서준
미루면 후회하고 이루면 행복하다

당신은 지금의 인생을 바꾸고 싶습니까?

난 내 인생을 늘 바꾸고 싶었습니다. 원치 않는 일, 원치 않는 사람, 원치 않는 출퇴근, 원치 않는 봉급까지 내 현실은 원치 않는 현실이었습니다. 난 내 인생을 바꾸기 위해서 내 마음 속에서 변명을 하나 지워야 했습니다.

'생각해보자. 생각해보고 내일 시작하자'

내 안에 늘 생각만 가득했습니다. 내 안에 억만장자가 되는 아이디어가 가득했습니다. 당신은 지금 내 1인브랜딩 책을 읽고 있습니까?

난 1인브랜딩 아이디어를 몇 년 전부터 가지고 있었습니다. 그 때부터 난 나를 전문가로 표현하는 방법을 연구하고 찾았습니다. 내 스스로 원리를 정립했습니다. '좀 더 좋은 방법이 없을까? 지금 시작하긴 좀 그래. 더 생각해보자'

난 늘 생각이 많았습니다. 이 책은 결국 5년간 생각하다 2017년에 나왔습니다. 내가 생각하고 또 생각만 한 끝은 무엇인지 압니까? 바로 '하는 것'입니다. 책으로 날 브랜딩하고 그걸로 사업을 하고 돈을 버는 것이 가장 현명했습니다.

'미루면 후회하고 이루면 행복하다'

난 미루고 또 미뤘습니다. 원치 않는 현실 속에서 고민하고 생각하고 괴로워했습니다. 이제 난 이루는 삶을 삽니다. 지금은 난 생각과 동시에 실천합니다. 이루는 삶을 사니 행복해졌습니다.

당신은 미루는 삶을 삽니까? 이루는 삶을 삽니까?

난 1인플랫폼 특강을 하고 그 곳에서 많은 독자를 만났습니다. 그들 중 미루는 사람들은 모두 마지막에 똑같은 말을 했습니다.

"생각해보겠습니다."

"와이프와 상의하고 다시 말씀드리겠습니다."
"지금 제가 일이 바빠서 조금 미뤄야 할 것 같네요."
"경제적으로 지금 어렵습니다. 돈을 벌면 시작하겠습니다."

그들은 모두 미뤘습니다. 지금도 미루고 있습니다. 미루면 결국 또 미룹니다. 나 역시 미루는 사람이었습니다. 그런데 생각만 조금 바꾸니 이루는 것이 너무나 쉬워졌습니다.

"난 경제적으로 어렵기 때문에 1인브랜딩을 시작했습니다.
1인브랜딩을 하면 돈이 따라오기 때문입니다."

"난 돈을 못 벌었기 때문에 1인브랜딩을 시작했습니다.
1인브랜딩을 해야 돈을 벌 수 있었기 때문입니다."

"난 일이 바쁘기 때문에 1인브랜딩을 시작했습니다.
1인브랜딩을 해야 내가 여유로워지기 때문입니다."

"난 책부터 썼습니다. 난 강연부터 했습니다.
난 사업자 등록증을 만들고 사업을 시작했습니다."

"난 고급호텔에 가서 커피 한잔을 마셨습니다.
럭셔리한 공간에 가니 럭셔리한 행동만 하게 되었습니다."

"난 생각만 해서 점점 가난해졌습니다."

결론은 지금 '시작'하는 것이었습니다."

"내가 결단하고 시작하니 점점 여유가 생겼습니다.
그 결과는 열 권이상의 책 저자, 1인플랫폼 회장, 1인브랜딩 분야의 코치가 되는 것이었습니다."

누군가를 탓하고 원망하는 것도 선택입니다. 그래도 됩니다. 계속 미루고 계속 생각만 하는 것도 선택입니다. 그래도 됩니다. 하지만 그렇게 했더니 내 인생은 그대로였습니다. 오히려 점점 어려워졌습니다.

난 이제 내 인생에 투자하는 것은 주저 없이 바로 시작합니다. 내 책을 내는 것, 내 브랜딩에 도움 되는 것, 내 강연을 하는 것, 내 1인플랫폼을 운영하는 것, 내 1인미디어를 계속 쌓는 것, 내 럭셔리 제품을 만드는 것 말입니다.

당신은 미루고 있습니까? 이루고 있습니까?

당신도 결단력 강한 나와 함께 하면 꿈을 이루게 됩니다. 인간은 환경의 동물입니다. 결단력 강하고 신념을 가진 사람과 함께 하면 나도 그렇게 됩니다. 나도 내 멘토를 만나서 이렇게 된 것입니다. 당신의 멘토는 누구입니까?

1인브랜딩으로 벤츠를 타라. 제 16 장 - 최서준
돈 버는 건 참 쉽다. 쉽다고 생각하라

당신은 이 책을 읽으며 어떤 생각이 듭니까? 이제 미래가 그려집니까?

난 세상을 참 많이 원망했습니다. '왜 이렇게 사는 게 힘들까? 왜 이렇게 돈 버는 게 힘들까? 왜 이런 나라에 태어났을까? 왜 이런 시대에 태어났을까?'

그 생각은 날 병들게 했습니다. 스트레스만 주었습니다. 나 자신을 괴롭게 만들었습니다. 고민만 주었습니다. 이제 난 생각을 럭셔리하게 합니다.

지금 난 이 책을 한강의 아름다운 야경을 보며 쓰고 있습니다. 콘래드 호텔 37층에서 바라보는 한강 야경은 너무나도 아름답습니다. '삶에는 많은 즐거움이 있구나. 이런 럭셔리한 공간에 있을 수 있는 것도 행복해. 이런 호텔에 올 수 있는 것도 행복해. 커피 한잔의 여유를 느끼는 것도 즐거워. 무엇보다 이렇게 내 사업을 하고 내 책을 쓰는 것, 무엇과도 바꿀 수 없을 것 같아'

난 이제 작은 것에도 감사합니다. 작은 것에도 표현합니다. 난 계속 1인브랜딩을 하다 보니 스스로 표현하는 재능이 계발된 것입니다. 1인브랜딩은 행복해지는 길입니다.

나는 강연에서 이렇게 말합니다.

"2017년은 인류 역사상 가장 돈 벌기 쉬워진 시대입니다."

어떤 수강생은 이렇게 말합니다.

"작가님 그럼 2018년은요?"

"2018년은 더 벌기가 쉬워지겠네요. 하하. 오프라인 시대에서 디지털 시대로 변하면서 그 어느 때보다도 많은 기회가 생기고 있어요." 정말 그렇습니다.

난 디지털 세상에 구축한 1인플랫폼 하나로 시작했습니다. 가장 힘든 노동자 계층에서 단번에 1인플랫포머가 되었습니다. 디지털 시대가 열어준 환경 속에서 난 시대의 풍운아가 되었습니다.

당신 가슴에는 어떤 꿈이 있습니까?

1인브랜딩은 당신이 원하는 것을 얻게 해줄 가장 빠른 방법이자 유일한 방법이 되어줄 것입니다.

1인브랜딩으로 벤츠를 타라. 제 17 장 – 최서준

최서준 코치를 특강에서 직접 만나라

당신은 이 책을 읽으며 어떤 생각이 듭니까?

당신은 책을 읽고 저자를 만난 적이 있습니까?

난 내 멘토를 만나 내 삶이 바뀌었습니다. 난 내 멘토의 책을 읽고 만났습니다. 난 책을 읽고 바로 결단했습니다.

'이 작가님을 만나야지. 이 사람이 내 인생을 바꿔줄 사람이다'

난 내 멘토를 만났고 내 책, 내 플랫폼, 내 브랜딩 모든 것이 이루어졌습니다. 당신은 인생을 바꾸는 원리를 알고 있습니까?

첫째, 당신이 하고 있는 고민을 똑같이 해본 멘토를 만나라.
둘째, 당신이 하고 있는 고민을 이미 해결한 멘토를 만나라.
셋째, 책을 읽고 강연에 참석해 멘토에게 도움을 구하라.
넷째, 멘토와 함께 평생 행복한 동행을 하라.

내게 책을 쓰는 것은 내 행복 중의 하나입니다. 책을 읽은 독자를 만나는 것도 내 행복 중의 하나입니다. 난 책을 읽지 않은 고객은 절대 만나지 않습니다.

"1인플랫폼 저서 세트를 한 권도 빠짐없이 다 읽고 오세요. 특강은 제 책을 읽은 독자와의 행복한 시간입니다. 책을 읽으며 '아, 나도 그랬지, 나도 그랬지' 제 이야기를 보며 깨닫고 오세요. 그러면 특강에 참석했을 때 뭘 해야 할지 스스로 알게 될 것입니다."

당신은 당신을 존중하는 고객만 만나고 싶습니까? 만나기도 전에 먼저 그 가치를 깨달은 고객만 만나고 싶습니까?

책을 쓰는 것이 그런 고객을 만나는 유일한 길입니다. 책에는 내 깨달음, 내 지혜가 담겨있기 때문입니다. 난 책에서 못다 한 이야기는 내 특강에서 독자와 함께하는 시간을 가지고 있습니다.

보험 영업을 하느라 지친 50대 작가님은 '100세 시대, 의료비를 준비하라'를 1인브랜딩하고 '미래준비연구소' 소장님이 되었습니다. 사랑하는 딸이 있다던 그 분은 새 인생을 살게 되었습니다.

영업으로 억대 수입을 올렸지만 점점 줄어드는 고객 명단으로 고민하던 40대 작가님은 '고객의 마음을 움직이는 억대 세일즈'라는 책을 쓰고 영업 분야의 노하우를 전하고 있습니다.

"최서준 작가님, 자동차 영업 딜러 일을 하는 분인데 영업 특강에 참석하고 싶다고 먼저 연락이 왔네요. 요즘 즐거운 소식이 자주 옵니다. 하하"

지금은 막막해 하던 얼굴에서 밝은 표정이 되었습니다. 기쁜 소식을 종종 보내옵니다. 당신도 이젠 이루고 싶지 않습니까? 더 이상 미루기 싫지 않습니까?

첫째, 컴퓨터와 스마트폰을 꺼내라.
http://onemanceo.com 최서준의 1인플랫폼에 가입하라.
둘째, 특강 공지를 확인하고 1대1 특강을 신청하라. 내 인생은 소중하다. 1대1로 럭셔리한 특강을 받으라.
셋째, 깨달음을 얻었다면 지금 당장 휴대폰을 들고 010.4049.2009로 문자를 보내라. "최서준 회장님, 저도 1인브랜딩을 하고 싶습니다. 평생 성공하는 1인브랜딩의 길을 가고 싶습니다. 저도 위치를 바꿔 가슴이 뻥 뚫리는 길을 가고 싶습니다. 1대1 특강에 참석하고 싶습니다."
넷째, 특강을 참석하고 결단하고 함께 하라. 인생은 한 번뿐이다. 내 인생에는 아낌없이 투자하라.

당신은 깨달았습니까?
난 멘토와 함께 평생 지속하는 사업을 하고 있습니다. 내 안에선 이미 억만장자 플랫폼이 이루어졌습니다. 당신 안에선 어떤 모습이 이루어졌습니까?

멘토를 만나는 것이 인생이 바뀌는 시작이다

나도 내 멘토가 있습니다. 난 멘토의 책을 읽고 멘토를 찾아갔습니다. 겸허히 도움을 구했습니다. "저도 억만장자가 되는 이 길을 가고 싶습니다. 결단했습니다. 준비됐습니다. 지금 바로 시작하겠습니다. 1억 원이 들어도 지금 바로 시작하겠습니다."

난 백배, 천배 크게 생각했습니다. 그랬더니 나머지는 따라 왔습니다. 내가 내 자신에게 투자하니 인생의 판도가 바뀐 것입니다.

'내 미래에 대해서 누가 나에게 답을 줄 수 있을까?'
'미래를 바꿔주는 게 멘토 말고 또 누가 있을까?'

당신도 지금 인생의 변화를 필요로 합니까? 그렇다면 최서준의 1인플랫폼에 가입하고 최서준의 특강에 참석하고 최서준과 손을 잡고 가십시오.

당신도 1인브랜딩으로 억만장자 대부호의 길을 가게 됩니다. 당신도 1인브랜딩으로 벤츠의 꿈을 갖게 됩니다. 당신이 가진 꿈이 이루어집니다. 변화는 당신 안에서 시작됩니다.

"미루는 삶은 후회합니다."
"지금 이루십시오. 이루는 삶은 행복합니다."

1인브랜딩으로 벤츠를 타라. 제 18 장 – 최서준

먹고 살기도 벅찼던 나를 바꿔준 1인브랜딩

당신은 지금 일을 하면서 또 다른 미래를 준비합니까?

난 일을 하면서 내 1인플랫폼의 미래를 연구했습니다. 그때 정립한 원리를 그대로 행동으로 옮겨 오늘날의 현실로 만들어 냈습니다.

내가 일했던 호텔은 강남의 '노보텔 앰버서더' 호텔이었습니다. 1년이 지난 2017년의 어느 날, 나는 그 호텔에 가서 6만 원짜리 뷔페를 먹었습니다. 지난날을 떠올리며 감회가 새로웠습니다.

한편으론 내가 사용한 접시를 나르는 아르바이트생들, 직원들을 보면서 문득 이런 생각이 떠올랐습니다. '내가 만약 결단하지 않았더라면 난 여전히 저 일을 하고 있겠구나' 마음속에 내 모습이 그려졌습니다.

한편으론 이런 생각이 들었습니다. '와, 한 사람의 인생이 이렇게 단기간에 바뀌기도 하는구나' 난 내 힘으로 이룬 것이 아니라고 생각합니다. 내 꿈을 이루어 주시는 성령님과 함께 지금도 타임머신을 타고 미래를 여행하고 있습니다.

난 이제 그 호텔에서 6만 원짜리 뷔페를 1주일 내내 먹어도 괜찮습니다. 내가 사업을 하니 이제는 호텔에서 먹는 뷔페, 럭셔리한 공간, 여유로운 분위기도 나 자신에게 하는 투자로 생각합니다.

일도 많이 할 필요가 없어졌습니다. 오전에 3, 4시간으로 끝내놓고 오후에는 여유시간을 즐깁니다. 내가 쓴 책이 내가 쉬는 동안에도 전국 서점에서 일해주고 있기 때문입니다.

당신이 현재 있는 세계는 1년 전의 나처럼 노동업, 남이 시키는 일만 죽어라 하는 세계입니까?

내게 1인플랫폼이 없을 땐 계속 내 몸이 고생했습니다. 한 분야의 전문가 위치를 차지하지 못하면 죽도록 몸이 으스러지도록 몸살이 나도록 고생만 합니다. 그래도 전문가로 인정 못 받습니다. 내 과거의 삶입니다.

이 책을 쓰는 2017년 10월의 어느 날, 난 너무나도 감회가 새롭습니다. 호텔 이야기를 하니 내가 1년 전에 호텔 노동자로 살았던 기억이 떠올랐기 때문입니다.

지금은 내 책을 쓰며 과거에 후회했던 경험, 고생했던 경험도 모두 깨달음으로 끄집어냅니다. 이것이 곧 나만의 스토리와 깨달음이 됩니다. 놀랍지 않습니까? 지금 난 내가 가장 잘할 수 있는 일, 내가 사랑하는 일을 찾았습니다. 너무나도 행복합니다.

난 앞으로도 노동업은 하기 싫습니다. 고생을 너무나도 많이 해 봤기 때문입니다. 1년 후에는 내 모습이 얼마나 달라져 있을까요? 난 하루하루가 기대되는 삶을 삽니다. 당신도 그렇게 살고 싶지 않습니까? 당신은 무엇으로 고객을 만나고 싶습니까? 어떤 분야에서 최고의 전문가가 되고 싶습니까?

당신의 꿈이 1인브랜딩 아이템입니다.
당신의 재능이 1인브랜딩 아이템입니다.
당신의 생각이 1인브랜딩 아이템입니다.
당신의 경험이 1인브랜딩 아이템입니다.
당신의 기술이 1인브랜딩 아이템입니다.
당신의 지식이 1인브랜딩 아이템입니다.
당신의 지혜가 1인브랜딩 아이템입니다.
당신의 믿음이 1인브랜딩 아이템입니다.
당신의 도움이 1인브랜딩 아이템입니다.

내 안에 이미 1인브랜딩을 할 아이템이 다 있었습니다. 내가 1인브랜딩을 하니 내 모습을 본 고객이 날 만나기도 전에 전문가로 알고 스스로 찾아오게 되었습니다. 1인브랜딩을 먼저 하니 온라인 마케팅도 필요가 없어졌습니다.

시대가 달라졌다. 돈을 버는 방식도 달라졌다

최서준의 1인브랜딩은 내가 가지고 있는 것에 가치를 부가하여 제품을 만들어 파는 천재적인 돈 버는 방법입니다. 시대가 달라졌습니다. 돈을 버는 방법도 다양합니다.

내가 가진 꿈을 돈으로 바꾸는 비결이 있습니다.
내가 가진 재능을 돈으로 바꾸는 비결이 있습니다.
내가 가진 생각을 돈으로 바꾸는 비결이 있습니다.
내가 가진 경험을 돈으로 바꾸는 비결이 있습니다.
내가 가진 기술을 돈으로 바꾸는 비결이 있습니다.
내가 가진 지식을 돈으로 바꾸는 비결이 있습니다.
내가 가진 지혜를 돈으로 바꾸는 비결이 있습니다.
내가 가진 믿음을 돈으로 바꾸는 비결이 있습니다.
내가 가진 도움을 돈으로 바꾸는 비결이 있습니다.

난 내 가치를 표현했습니다. 난 1인플랫폼으로 그것을 사업으로 만들었습니다. 난 책을 쓰고 강연에서 내 고객을 만납니다. 이제 돈을 버는 방법도 달라졌습니다. 난 달라진 시대에 빠르게 적응했습니다. 난 디지털 시대가 낳은 풍운아입니다.

1인브랜딩으로 벤츠를 타라. 제 19 장 – 최서준
공장 노동자에서 인생역전에 성공하다

당신은 공장에서 생산직을 해본 적이 있습니까?

나는 생산직으로 공장에서 일했던 경험이 있습니다. 몇 년 전의 일입니다. 나는 'SK케미칼'이라는 대기업 하청에서 일했습니다.

당시 어떻게든 내가 벌어서 먹고 살아야 했습니다. 나는 어떻게든 생계를 꾸리기 위해서 울산에 있는 한 공장에서 밤낮 바꿔어 가면서 3교대로 일을 했습니다.

밤새 담배에 들어가는 필터를 생산하는 일이었습니다. 그 곳에서 내가 맡은 일은 품질 검사 파트였습니다. 나는 방진복을 입고 모자를 쓰고 소독을 하고 하루 종일 컨베이어 벨트 앞에서 서 있어야 했습니다.

난 컨베이어 벨트가 돌아가다 조금이라도 이상이 있으면 버튼을 눌러 멈추게 하는 일을 했습니다. 동료와 말을 할 수도 없었습니다. 하루 정해진 시간 동안 컨베이어 벨트만 계속 쳐다봤습니다. 그러다 문제가 생기면 버튼을 누르는 날들의 연속이었습니다.

3교대 근무였기 때문에 일을 시작하는 시간도 매일 달랐습니다. 오전 근무는 아침 8시, 오후 근무는 오후 2시, 밤 근무는 밤 10시부터 새벽을 지나 아침 8시까지 했습니다. 때로는 동료 자리가 비면 내가 그 자리에 들어가야 했습니다.

그러면 10시간, 15시간, 때로는 20시간을 일할 때도 있었습니다. 그렇게 오후, 새벽 근무를 연달아 하는 날에는 밤을 새서 계속 일을 하다가 아침 8시에 일이 끝났습니다. 통근 버스를 타고 집에 도착하면 아침 10시 가까이 되었습니다. 그렇게 씻고 바로 자서 또 일을 나가는 식이었습니다.

인간의 창조성을 마음껏 드러내는 삶을 살라

당신은 무기력한 삶을 살아보았습니까?

내겐 공장의 삶은 매일이 죽은 삶이었습니다. 살아있다는 게 느껴지지 않았습니다. 밤을 새는 야간근무 하는 날에는 몸도 마음도 녹초가 되었습니다. 낮과 밤이 바뀌는 건 고된 일이었습니다. 내가 생산직을 하며 공장에 다닌다는 것이 초라하게 느껴졌습니다.

난 내가 잘할 수 있고 사랑하는 일을 찾아 내 사업을 하고 싶었습니다. 하지만 현실은 그렇지 않았습니다. 당신도 당신의 모습을 보며 초라할 때가 있습니까? 독하게 마음먹고 무언가 결과로 만들어 내십시오.

어떤 사람들은 지금 내가 어떤 길로 가고 있는지도 깨닫지 못하고 그냥 삶에 파묻혀 살아갑니다. 그에 비하면 당신은 이 책을 읽는다는 것이 변화에 목말라 있다는 증거 아니겠습니까?

당신의 현재가 염려됩니까? 현상은 곧 지나갑니다. 믿음을 가지고 미래로 타임머신 여행을 떠나십시오. 나처럼 믿음의 결단을 하고 위치를 바꾸면 걱정은 곧 당당함으로 바뀔 것입니다.

내가 내 재능을 깨달은 비결

당신은 어떤 일로 1인브랜딩을 해야 할지 알고 있습니까?

난 내 '1인플랫폼 마케팅' 첫 책을 쓰며 내가 평생 하게 될 일을 깨달았습니다. 난 브랜딩을 하기 위해 내 책을 썼습니다. 내 책을 쓰려면 내 경험, 내 안의 깨달음을 표현해야 했습니다.

난 깨닫는 책쓰기로 내 삶을 돌아보며 내 재능을 찾았습니다. 그리고 지금 내가 현재 하고 있는 것도 끄집어냈습니다. 또한 내가 미래에 하고 싶은 일도 내 안에서 끄집어내어 적었습니다.

과거와 현재, 미래의 내 일들을 끄집어내고 불러냈더니 놀라운 일이 일어났습니다. 내 재능에는 공통점이 있었습니다. 천재적인 1인플랫폼의 재능과 세계적인 플랫포머가 되는 것이었습니다. 그리고 이런 내 지혜로 많은 사람을 도와주고 싶었습니다.

그러면 답은 간단했습니다. 나도 1인플랫폼으로 억만장자가 되고 그렇게 되고 싶은 사람을 도와주는 일도 하는 것이었습니다. 이렇게 간단하게 재능을 찾을 수 있었던 비결은 바로 이것입니다.

첫째, 과거의 일들을 끄집어내어 책으로 쓰라.
둘째, 현재 하고 있는 일들을 끄집어내어 책으로 쓰라.
셋째, 앞으로 하고 싶은 일들을 불러내어 책으로 쓰라.

난 내 첫 책의 표지에 세계적인 플랫포머의 꿈을 담아 비행기 사진을 넣었습니다. 내 사업의 꿈인 고객이 나를 찾아오게 하는 1인플랫폼 마케팅이라는 제목도 넣었습니다. 지금은 정말 그렇게 되었습니다.

당신이 지금 평생 할 일을 정했습니까? 그렇다면 그것으로 1인플랫폼을 하십시오. 당신이 평생 하고 싶은 일이 있습니까? 그렇다면 브랜딩을 하며 당신의 평생 사랑하는 일을 당신 안에서 끄집어 내십시오.

난 평생 내가 할 일을 찾게 되었습니다. 난 평생 내가 사랑하는 일을 찾게 되었습니다. 지금 오전 6시9분, 난 스스로 사랑하는 일을 찾아 오늘도 행복한 내 책을 쓰고 있습니다.

1인브랜딩으로 벤츠를 타라. 제 20 장 - 최서준

사랑하는 일을 하며 살라. 한 번뿐인 인생.

당신은 원치 않는 일을 해본 적이 있습니까?

난 내가 사랑하는 일, 평생 할 일을 찾지 못했습니다. 그땐 생계를 위해 일을 했습니다. 난 닥치는 대로 일을 해야 했습니다. 한 공장에서 오래 일을 하기는 힘들었습니다. 10시간 넘게 현장 근무를 하다 보면 금방 체력이 떨어졌기 때문입니다.

"SK케미칼 정도면 오래 다니면 정직원이 될 수도 있어요. 오랫동안 다녀 보세요." 어떤 분은 내게 이곳도 좋은 회사라며 평생 다닐 생각을 하라고 했습니다. 내가 정보업에 눈을 못 떴더라면 아직 그렇게 살고 있을 생각에 아찔합니다.

당신은 고된 육체노동을 해본 적 있습니까?

난 '고려 아연'이라는 대기업의 공장에서 일을 한 적도 있습니다. 아연, 납, 금 같은 금속을 가공하는 회사였습니다. 이 현장은 교대 근무는 아니었습니다. 대신 아침 일찍부터 밤늦게까지 일을 해야만 했습니다.

공장의 굴뚝을 청소하는 일, 현장에 직접 투입되어 인부들의 일을 도와주는 일이었습니다. 고려 아연은 금과 은 같은 것을 녹이는 회사였습니다. 작업 환경이 위험한 편이기에 일을 하는 내내 긴장해야 했습니다.

"왜 그렇게 긴장을 많이 하세요? 처음엔 어려워 보여도 막상 일주일만 해보면 일은 금방 익숙해져요. 하하" 일에 막 적응하는 나를 보며 현장 팀장님은 내게 격려를 해주었습니다.

하지만 내 자존감은 점점 내려갔습니다. 작업복을 입은 내 모습을 남들이 볼 때면 자신감도 사라졌습니다. 그러면서 입에 풀칠하기도 힘든 돈을 벌었습니다.

월급은 3일 만에 사라졌습니다. 힘든 일을 하는 만큼 돈이라도 잘 벌면 괜찮았지만 돈도 많이 못 벌었습니다. 난 하청 소속이었기 때문입니다.

난 공장에서 알하며 1인플랫폼으로 성공할 미래를 그렸다

당신은 내 이야기를 읽으며 어떤 깨달음을 얻었습니까?

난 그렇게 노동을 하며 힘들게 살면서도 일하는 내내 미래의 나를 꿈꾸었습니다. 정신 줄을 놓지 않고 '반드시 이 삶에서 벗어날 거야' 내 안에 신념을 품었습니다.

당시만 해도 1인플랫폼이란 걸 처음 접하던 시기였습니다. '네이버 카페를 만들어서 나만의 브랜드를 만들 수 있지 않을까'라는 생각이 들었습니다. 그 생각의 결과가 지금의 나를 만든 것입니다.

몇 년의 시간이 지나 난 책을 쓰는 작가가 되었고 이전처럼 노동을 하는 세계는 졸업했습니다. 지금의 나는 공장 근처에도 갈 일이 없습니다.

'아, 내가 예전에 공장에 일했지' 하는 생각도 책을 쓰며 과거의 깨달음을 끄집어내다가 정말 오랜만에 든 생각입니다. 난 이제 디지털 공간에 만들어 둔 내 플랫폼에서 여러 가지 수익이 나옵니다.

'이렇게는 정말 살기 싫어'

'내가 지금 살아 있는 건가?'

'사는 게 너무 불행해'

난 공장에 다닐 때 이런 생각을 많이 했습니다. 자존감도 낮았고 자신감도 없었습니다. 그래서 난 더 독해질 수 있었습니다. 난 '이 길이다' 싶으면 내 생을 걸고 덤벼듭니다. 난 무언가에 임할 때 큰 생각, 큰 마인드가 가장 중요하단 것을 깨달았습니다.

난 나약하지 않습니다. 난 결단을 미루지 않습니다.
난 온실 속의 화초가 아닙니다. 난 당당합니다.
난 저돌적으로 미래를 개척합니다.

당신도 삶을 바꾸고 싶습니까?

첫째, 지금 상황이 힘들다고 너무 낙담하지 마십시오. 사람이 살다 보면 공장에서 일할 수도 있고 고생을 좀 할 수도 있습니다.

둘째, 현실에 충실하되 미래를 꿈꾸십시오. 사업을 하면 어차피 돈은 금방 벌게 됩니다. 돈이 들어오고 나가는 스케일이 다르기 때문입니다. 어떤 상황에 처해 있든 미래에 포커스를 맞추십시오.

셋째, 노동업을 졸업하고 내 두뇌와 지혜에 땀 흘리는 자산가, 사업가의 세계에 오십시오. 믿음의 타임머신을 타고 미래로 가십시오. 나는 미래를 향해 오늘도 책을 쓰고 강연 영상을 만듭니다.

'생산직으로 살 때, 공장에 다닐 때는 나 자신이 정말 비참하다고 생각했지. 난 삶을 즐길 수도 여유를 느낄 새도 없었어. 하루하루 사는 게 괴로웠지. 하지만 그 순간이 없었더라면, 만약 내 인생이 평탄했더라면 지금의 난 내 꿈을 이룰 수 있었을까?'

지금은 그 시간이 너무나도 감사합니다. 내가 만약 그 시간을 겪지 않았더라면 지금 어떻게 살고 있을까요? 난 현실에 안주하며 살고 있었을 것입니다. 난 내가 타고난 창조성을 온전히 발휘하는 삶을 살고 있습니다. 난 매일 절실하게 살고 있습니다.

당신은 지금 얼마나 절실합니까? 절실한 만큼 행동을 하고 있습니까? 행동으로 옮겨서 그 절실함을 결과물로 바꾸십시오. 당신의 삶도 단기간에 타임머신을 탄 듯이 획기적으로 바뀔 것입니다.

1인브랜딩으로 벤츠를 타라. 제 21 장 - 최서준
1인브랜딩 하기 전, 나는 떠돌이 영업사원이었다

당신은 영업일을 해본 적이 있습니까?

나는 여러 가지 영업을 겪으며 깨달음을 얻었습니다. 나는 일반 직장을 다닐 수가 없었습니다. 토익을 쳐본 적도 없고 자격증도 운전 면허증 빼고는 없었습니다. 지금도 마찬가지입니다.

만약 직장에 다닌다 해도 내 스펙으론 딱 먹고 살 만큼만 벌수 있다는 것을 알고 있었습니다. 나는 그 이상의 소득이 가능한 영업의 세계에 매력을 느꼈습니다.

텔레마케팅 영업을 시작하다

난 텔레마케팅 영업을 시작했습니다. 아프리카TV 주식방송에 가입하면 유료 회원으로 가입하라는 전화 영업을 했습니다. 하루에 몇 십 통씩 전화를 걸었습니다.

"안녕하세요, 잠시 시간 있으신가요?"

내가 전화를 하면 상대방은 방어적으로 나왔습니다.

"아니, 지금 제가 직장에 있습니다. 지금 잠시 회의 중입니다."

실제로 고객과 연결되는 비율이 아주 낮았습니다. 나는 TM 영업의 한계를 느꼈습니다. 내가 먼저 고객에게 찾아가는 영업, 전화를 거는 텔레마케팅 영업은 결국 내 가치를 깎아 먹고 한계가 있단 것을 말입니다.

당신은 찾아가는 영업을 하고 있습니까? 고객이 찾아오는 영업을 하고 있습니까? 난 고객이 찾아오게 하지 않으면 평생 내가 찾아가야 한다는 것을 깨달았습니다.

성형외과 영업으로 새롭게 시작하다

난 TM영업의 한계를 깨닫고 이번에는 대면 영업에 도전했습니다. 강남에 있는 성형외과 영업이었습니다.

"저희는 OO 성형외과에서 나왔습니다. 혹시 성형수술을 원하는 고객이 있다면 저희 성형외과로 소개 부탁드리겠습니다. 저희 성형외과로 고객이 온다면 수술비용의 10% 정도의 혜택을 드리겠습니다."

여성들이 자주 가는 강남 지역의 미용실에 가서 우리 성형외과에 고객을 보내 달라고 하는 식이었습니다. 홍보 스티커도 붙이고 잡지에 우리 홍보물을 붙여서 나눠주는 일이었습니다.

차를 타고 하루에 다섯 군데, 열군데, 스무 군데 돌아다녔습니다. "거기에 놔두고 가주세요. 지금은 바빠서 시간이 없네요." 미용실 주인, 네일 아트샵 주인들은 영업 사원을 반가워하지 않았습니다. 들어오면 홍보 전단물을 나눠주며 우리 병원에 보내 달라는 부탁만 계속 했기 때문입니다.

나는 부탁하는 영업을 할수록 회의감만 들었습니다. 난 내가 잘 할 수 있는 일, 내가 앞으로 평생 할 수 있는 일을 찾았습니다.

연봉 3억 온라인 마케팅 영업의 고수를 만나다

그렇게 찾은 것이 온라인 마케팅 회사 영업이었습니다. 그 회사는 연매출 30억, 40억이 나오는 회사였습니다. 단기간에 온라인 마케팅 업계에서 마케팅 대행으로 급성장한 회사였습니다. 나는 '성공한 회사에서 배우면 조금이라도 내가 성공의 비결을 깨닫지 않을까' 생각했습니다.

내가 이 회사에 들어간 이유는 딱 한 가지였습니다. 나에게 영업을 알려주는 팀장이 연봉 3억을 받는 성공한 영업인이었기 때문입니다. 차도 고급 세단인 BMW 5시리즈를 타고 있었습니다. 덩치도 우락부락하고 기운이 태양인처럼 으리으리했습니다. 늘 활기

차고 분위기를 리드했습니다.

영업 자리에서 누군가를 만나면 나오는 사람 대하는 느낌부터 완전 달랐습니다. 난 도입 멘트를 어떻게 해야 될지도 고민이었는데 그 이사는 30대 초중반에 이미 연봉 수억 원을 받으면서 고객의 마음을 한 순간에 사로잡았습니다.

계약이 한 건 이루어지면 보통 한 달에 수백만 원이 움직이는 거래였습니다. 그러면 그 분 역시 거래 한 건에 수백만 원의 수익을 올렸습니다.

'나도 저 사람처럼 되고 싶다. 연봉 수억 원을 받고 싶다'

내 마음엔 도전 정신이 가득했습니다. 회사에서 처음 한 일은 고객 DB를 주면 텔레마케팅으로 하루 50군데, 100군데 정해진 멘트로 전화를 하는 것이었습니다.

하루에 100군데에 전화해서 결과는 어땠을까요?

성공한 팀장이 만들어 준 스크립트로 똑같이 전화를 했지만 내게는 성과가 없었습니다. 나는 그때 깨달았습니다. 영업은 처음부터 언변도 화려하고 설득을 잘하는 재능을 타고난 사람이 있단 것을 말입니다.

난 뛰어다니는 영업에 맞지 않았습니다. 이제 화려하게 말만 잘한다고 계약이 되는 시대는 지났습니다. 난 고객이 스스로 찾아오는 구조를 만들어 내 사업을 해야겠다는 깨달음을 얻었습니다.

주류 회사에서 영업을 시작하다

네 번째로 나는 주류 회사에서 영업했습니다. 이 회사에 들어간 이유는 간단합니다. 여유 시간이 많았습니다. 근무 시간에는 정해진 식당 30군데에 방문하고 성과를 내면 남는 시간은 내 자유였습니다. 하루에 일 하는 시간도 6시간 밖에 안 되었기 때문에 난 이런 생각이 들었습니다.

'영업 그 자체로 돈을 벌기는 어려울 것 같아. 전략을 바꾸자. 영업에선 생활 할 수 있을 만큼만 벌고 남는 시간은 내 1인브랜딩 구축하는 것에 투자하자. 내가 늘 연구해 오던 잠재고객이 스스로 찾아오는 방법을 내 사업으로 만들고 싶어'

지금 생각해 보면 이 생각 하나가 내 미래를 바꾸게 됩니다. 내가 했던 영업은 식당을 방문하면서 우리 술을 넣어 달라고 하는 일이었습니다. 내가 다닌 곳은 '보해 양조'라는 회사였습니다. 난 여기저기 가게를 돌아다니며 우리 회사의 신상품을 홍보했습니다.

"저희 보해에서 새로운 부라더 소다라는 술이 나왔어요. 인기도 많은데 저희 술 한 박스 주문 부탁드립니다." 난 이 멘트를 수백 번 반복했습니다. 그렇게 몇 달을 하고 나서 한 가지 깨달음을 얻었습니다. '영업을 해서는 도저히 승산이 없다' 난 오프라인 영업의 한계를 깨닫고 영업의 세계를 졸업했습니다.

난 영업을 하면서도 미래 준비를 게을리 하지 않았습니다. 쉬는 시간, 일이 끝나고의 시간은 모두 나를 1인브랜딩 하는 원리를 연구하는데 투자했습니다. 내 1인플랫폼을 네이버 카페에 만들었습니다. 내가 가진 정보를 칼럼으로 썼습니다. 사람들에게 '이런 방법이 있어요'라고 알리니 단기간에 회원도 점점 모였습니다.

한 달이 지난 후 어떤 일이 일어났을까요? 마침내 나는 그 회사를 그만둘 수 있었습니다. 난 내 1인플랫폼연구소를 세웠습니다. 사업을 하는 사람들에게 내가 가진 노하우를 알려줬습니다. 그 결과 영업의 몇 배나 되는 돈을 벌게 되었습니다.

당신은 깨달았습니까?

첫째, 구두 밑창 닳아 없어지도록 노력해도 영업은 한계가 있다.
둘째, 대우받는 1인브랜딩의 세계에 들어오라.
셋째, 1인브랜딩을 구축해 고객이 먼저 날 찾아오는 위치에 서라.

나는 영업으로 참 힘든 세월, 근근이 먹고 사는 시간을 오래 보냈습니다. 난 당신도 나와 같은 고생을 겪지 않기를 바랍니다. 지혜로운 사람은 깨닫고 누리는 길을 가기 때문입니다.

이제 난 평생 영업을 할 필요가 없습니다. 난 내 가치를 1인브랜딩으로 먼저 올려놓았습니다. 난 내 고객이 나를 찾아오게 만들었습니다. 1인브랜딩은 당신의 위치를 바꿔줍니다. 그 길을 평생 가는 것이 1인브랜딩 시스템입니다.

1인브랜딩으로 벤츠를 타라. 제 22 장 - 최서준
고객에게 전문가로 인정받는 1인브랜딩을 하라

당신은 고객이 돈을 어디에 내는지 알고 있습니까?

고객은 눈에 보이는 결과물에 돈을 냅니다. 그 결과물을 많이 갖고 있을수록 돈을 더 잘 벌게 됩니다. 고객이 더 많이 더 적극적으로 찾아오기 때문입니다.

당신은 남녀노소 누구나 인정하는 결과가 있습니까?

당신이 돈을 벌고 싶다면 결과물을 만드는 길을 가야 합니다. 나는 이 결과물을 계속해서 만들고 있습니다. 내가 쓰고 있는 이 책 역시 누구나 인정하는 결과물입니다. 고객에게 앞으로 가야 할 길을 제시하는 제품이기 때문입니다. 나는 이 결과물을 가지고 제품으로 출시를 합니다.

당신도 1인플랫폼의 원리를 깨닫고 고객에게 제품을 만들어 파십시오. 고객은 눈에 보이는 제품에 돈을 내기 때문입니다. 당신이 보고 있는 이 책 역시 눈에 보이지 않습니까?

나는 여러 가지 제품을 만듭니다.

나는 내 가치를 책으로 표현합니다.
나는 내 가치를 비법서로 표현합니다.
나는 내 가치를 DVD교재로 표현합니다.
나는 내 가치를 강연 패키지로 표현합니다.
나는 내 가치를 플랫폼으로 표현합니다.
나는 내 가치를 직접 만나서 코칭으로 표현합니다.
나는 내 가치를 오디오북으로 표현합니다.

나는 내 가치를 아주 잘 표현하는 사람입니다. 표현을 해야 고객이 내 가치를 인정하기 때문입니다. 자신의 가치를 표현하지 못하면 평생 독립자로 서지 못합니다.

난 내 가치를 읽는 것, 보는 것, 듣는 것 다양하게 만들어서 팝니다. 가격대도 저가제품부터 고가제품까지 다양합니다.

당신도 고객으로써 좋지 않습니까?

내 도움을 책으로 읽고 싶다면 책을 사면됩니다. 귀로 듣고 싶다면 오디오북을 사면됩니다. 내게 직접 코칭을 받고 싶다면 오프라인에서 1대1 과정을 등록하면 됩니다.

당신 역시 다양한 제품을 만들어 돈을 벌 경로를 다양화해야 하지 않겠습니까? 그래야 사업가로써 돈을 거두지 않겠습니까? 그래야 당신의 사업도 점점 더 크게 되지 않겠습니까?

나는 내 스스로 제품을 만들어서 파는 수익화의 원리를 깨닫고 경제적으로 자유로워졌습니다. 당신도 그렇게 될 것입니다. 당신의 제품을 다양하게 표현하십시오. 그것이 당신이 경제적으로 자유로워지기 때문입니다.

고객의 생각을 바꿔주는 1인브랜딩을 하라

당신은 고객의 생각을 바꾸어주고 있습니까?

난 1인브랜딩으로 고객의 생각을 성공하는 생각으로 바꾸어주고 있습니다. 고객에게 어떤 구체적인 도움을 줄 수 있다면 그것은 가장 확실한 1인브랜딩의 지름길입니다.

고객은 자신의 문제를 해결해 주는 사람에게 돈을 내기 때문입니다. 나는 내 고객에게 1인브랜딩 구축하는 구체적인 도움을 줍니다. 당신이 가진 재능으로 시작하면 수익화가 바로 됩니다.

고객의 생각을 바꾸어 줄 수 있다면 그것으로도 1인브랜딩 할 수 있습니다. 당신이 지금까지 온라인 마케팅만 주구장창 했는데 나를 만나서 1인브랜딩의 중요성을 깨닫고 생각이 바뀌었다면 당연히 내게 도움을 요청할 것입니다. 그것이 내가 말하는 '잠재고객이 스스로 찾아오는 1인브랜딩'입니다. 당신은 깨달았습니까?

"최서준의 1인브랜딩은 한 사람의 삶에 가치를 부가하고 부여하는 천재적인 활동이다"

당신도 삶의 가치를 올리는 1인브랜딩을 깨닫는다면 단기간에 삶이 바뀝니다. 당신도 당신이 지금 직장에서 하는 일 혹은 지금까지 해온 사업, 그것과 연계시켜 1인브랜딩을 구축하십시오. 그것이 당신의 재능을 살려서 크게 성공하는 길입니다.

1인브랜딩으로 벤츠를 타라. 제 23 장 – 최서준
돈의 노예에서 벗어나고 싶었다

당신은 어떻게 돈을 만들고 있습니까?

난 내가 만든 플랫폼에서 돈을 찍어 냅니다. 난 '1인플랫폼'이라는 아이템으로 1인플랫폼연구소를 운영하고 있습니다. '부동산, 토지, 보험, 진로상담, 창업'같이 당신만의 분야가 있을 것입니다.

그 아이템으로 평생 돈을 찍어낼 수 있는 당신만의 방법이 있습니까? 내게 코칭받는 플랫포머들은 저마다 자기 분야에서 플랫폼을 만들어 돈을 찍어내고 있습니다. 나 역시 지금은 플랫폼을 만들어서 돈을 벌고 있습니다. 하지만 처음부터 그랬던 것은 아닙니다.

이전에는 어떻게 돈을 벌었을까요?

난 내 시간과 노동력을 팔아서 돈을 벌었습니다. 학교에서는

'돈 잘 버는 방법'을 알려주지 않았습니다. 난 일해서 돈 버는 방법밖에 몰랐습니다.

기업가가 되고 싶은 생각은 있는데 막상 어떻게 해야 할지 구체적인 실행 방법을 몰랐습니다. 미래가 막연했고 기업가가 될 거란 꿈만 품고 있었습니다.

당신은 한 달 일해 번 돈으로 넉넉하게 생활하고 있습니까?

난 한 달 내내 일해서 150만 원 정도를 벌었습니다. 그 돈은 세금, 공과금, 월세, 자기계발비 등으로 하루 만에 모두 사라졌습니다. 생활은 늘 빠듯했습니다.

돈의 노예, 종노릇 하는 삶을 졸업하고 싶었다

난 깨달았습니다. '이렇게 가다간 평생 돈의 노예가 되겠구나. 회사의 종노릇만 하다가 인생이 끝나겠구나'

살기 위해 난 다른 길을 찾아야만 했습니다. 절실했습니다. 내 겐 직장인으로 사는 것이 가장 두려운 일이었습니다. 직장을 나와서는 또다시 먹고 살 걱정을 해야 한단 걸 깨달았기 때문입니다.

당신에겐 어떤 일이 인생에서 가장 두렵습니까? 지금 가는 길의 끝엔 무엇이 있습니까? 지금 가는 길로 평생 가다가 그 끝에 맞이할 상황을 생각해보았습니까?

돈, 돈, 돈, 현실적인 돈 문제에서 벗어나는 비결

난 이 150만 원의 돈이라도 벌기 위해서 어떻게든 사무직, 영업직 일을 찾아야 했습니다. 일을 찾는다고 오늘 바로 구할 수 있을까요? 아닙니다.

일을 찾기 위해서 또 알바몬, 잡코리아 같은 구인구직 사이트를 계속 찾아봅니다. 내가 사는 지역, 내가 가진 경력과 자격증, 내가 원하는 돈에 맞게 계속 검색을 합니다.

집과 가까워야 하고 일을 끝내고 플랫폼을 연구해야 하니 어느 정도 시간 여유도 있는 곳이어야 했습니다. 이런 일자리를 찾아 계속 검색을 하며 시간을 보냅니다.

괜찮은 회사가 있으면 지원서를 쓰고 면접 일정 받을 때까지 기다립니다. 면접이 잡혔어도 오후에 있으면 그날은 면접 보느라 다른 일은 하지도 못합니다. 결국 일 구하느라 시간 다 갑니다.

면접 결과가 바로 나옵니까? 아닙니다. 결과를 기다려야 합니다. 결과가 나올 때까지는 다른 일을 구하지도 못합니다. 결과 나올 때까지 또 시간을 버리는 것입니다.

면접에 붙으면 드디어 일을 시작 합니다. 하지만 한 달이 지나야 월급이 나옵니다. 한 달이 안 되면 보름치, 3주일 치 이렇게 일한 기간만큼만 나옵니다. 결국 난 150만 원을 위해 한 달 두 달 계속 시간을 보내고 기다린 끝에 세금까지 다 뺀 금액을 가졌습니다.

그땐 내게 돈에 대한 지혜가 없었습니다. 돈 생각만 하면 머리가 아프고 마음이 늘 괴로웠습니다. 난 돈을 찍어내는 방법을 몰랐습니다. 여러 가지 노동업만 계속 했습니다.

자동차에 번호판 달아다 주는 일, 온라인 마케팅 회사에서 텔레마케팅 영업하는 일, 여기저기 식당을 방문하며 주류영업 하는 일, 미용실을 다니며 성형외과 영업하는 일을 계속 했지만 내가 원하는 돈은 벌지 못했습니다.

1인브랜딩은 내 위치를 바꿔주는 시스템이다

난 먼저 내 위치를 바꾸었습니다. 돈을 버는 위치로 바꾼 것입니다. 내가 직장인일 때는 모든 고민이 직장인의 위치에서 하는 고민이었습니다. 내가 영업을 할 땐 모든 고민이 영업인의 위치에서 하는 고민이었습니다. 난 이 고민을 간단하게 해결했습니다.

"먼저 위치를 바꿔라. 그러면 나머지는 다 따라올 것이다. 돈도, 명예도, 사람도. 심지어 당신의 미래와 가족과 자녀의 행복도."

난 먼저 이리저리 뛰어다니지 않습니다. 대신 조용히 내 1인플랫폼 공간을 만들었습니다. 고객이 나를 스스로 찾아올 공간을 만들었습니다. 고객이 나를 스스로 찾아오게 내 가치를 1인브랜딩 했습니다.

1인브랜딩으로 벤츠를 타라. 제 24 장 – 최서준

노동업을 졸업하고 정보업으로 돈을 벌다

당신은 노동업을 하고 있습니까?

난 노동업을 했습니다. 내가 직접 육체노동을 해서 돈을 벌었습니다. 내가 뛰어다니는 영업, 내 시간을 팔아서 돈을 버는 직장, 매장 관리 일 모두 노동업이었습니다.

당신은 매장 관리 일을 해본 적이 있습니까?

난 강남역의 지하에 있는 여성 액세서리 점에서 일을 한 적이 있습니다. 머리띠, 팔찌, 반지를 파는 매장이었습니다. 그 곳에서 1년 가까이 하루에 11시간을 일했습니다.

주말이 가장 바쁜 날이기에 주말은 꼭 일을 해야 했고 주 6일제였습니다. 그렇게 일하면 한 달에 170만 원 정도를 벌었습니다.

하루 종일 매장을 지키고 친절하게 고객을 응대해야 했습니다. 화장실도 2시간에 한번 이렇게 정해진 시간, 정해진 만큼만 갈 수 있었습니다. 난 고용주에게 고용되어 일했습니다. 이것이 바로 노동업입니다. 너무나도 몸이 고되고 힘든 길입니다.

직장인의 세계는 벌이의 한계가 있다

그 다음에는 일반 직장 일을 했습니다. 이것 역시도 출퇴근 시간이 정해져있고 누군가가 일을 주면 그 일을 성실하게 해내면 됐습니다. 정신적으로 너무나도 힘들었습니다. 남이 시키는 일만 하니 내 꿈, 내 미래와도 점점 멀어졌습니다.

이렇게 노동을 하면 버는 금액에 한계가 있습니다. 150만 원, 200만 원, 정말 많이 받는 사람도 몇 백만 원입니다. 내겐 원하는 일도 내가 평생 할 수 있는 일도 아니었습니다.

난 사랑하지 않는 일을 그만 뒀습니다. 내가 평생 잘할 수 있는 일을 찾았습니다. 그 다음엔 정보업의 세계에 왔습니다.

정보업의 핵심은 1인플랫폼입니다. 사람들은 정보를 주는 사람이 누군지에 따라 가치를 매깁니다. '내가 이 큰돈을 정보를 사는 데 써도 될까?'라고 생각합니다.

사람들은 어떤 가치에 돈을 쓸까?

난 깨달았습니다. 한 분야의 플랫폼이라는 결과물을 가지고 있으니 사람들은 내게 도움을 얻고 정보를 얻고 싶어 했습니다.

당신은 어떤 방법으로 돈을 벌고 싶습니까?

난 1인플랫폼으로 돈을 버는 것이 내게 가장 즐겁고 뿌듯했습니다. '내 커뮤니티를 만들어 월 1억의 수입을 올리는 1인플랫폼 노하우' 1대1 무료 상담을 여니 부산, 전주 같은 먼 지방에서도 내게 상담받기 위해 왔습니다. 내게 도움을 요청하는 독자와 고객을 보며 사명감도 생겼습니다.

난 노동업을 졸업했습니다. 직장도 졸업했습니다. 이제는 플랫폼을 통해서 정보의 가치를 사고파는 일을 하고 있습니다. 이것이 바로 1인플랫포머입니다.

당신도 새로운 세계에 눈을 뜨고 싶습니까?

나 역시 이 생각 하나로 시작했고 내 삶에 새로운 길이 펼쳐졌습니다. '아, 이런 새로운 세계도 있구나. 나도 이렇게 살고 싶어. 나도 이렇게 될 수 있어'라고 꿈꾸십시오.

"믿음은 보는 것에서 납니다.
믿음은 듣는 것에서 납니다.
믿음은 말하는 것에서 납니다.
지금 이 책을 읽으며 미래가 그려집니까?
당신이 무엇을 해야 할지 당신 안에 이미 답이 있습니다."

1인플랫폼은 내 디지털 자산이다

지금이 2017년입니다. 오프라인 사회와 정반대인 디지털 세상이 있습니다. 영업, 매장창업, 자영업, 대학교 졸업증, 토익 점수 이런 모든 것들이 오프라인 사회의 생각입니다. 하지만 오프라인 사회에서는 점점 돈을 벌기가 어려워지고 있습니다. 왜 그럴까요?

난 책 한권을 사더라도 동네 서점에 가지 않습니다. 온라인 서점에서 주문을 하거나 모바일로 주문한 뒤 바로 대형 서점에서 책을 받아 봅니다.

이제 오프라인에서 쓰는 돈 자체가 씨가 마르고 있습니다. 점점 디지털 세상에서 돈을 쓰고 있습니다. '돈을 벌려면 돈이 있는 곳에 가야 한다'는 것을 압니까? 난 돈 냄새를 맡고 앞으로 돈이 몰릴 곳에 가서 기회를 찾았습니다. 그곳이 바로 디지털 세상입니다.

오프라인 사회는 점점 침몰하고 있습니다. 반대로 디지털 세상에서는 구글 창업자, 페이스북 창업자처럼 플랫포머들이 신흥 부호가 되었습니다. 난 디지털 체질로 완전 바꿨습니다. 난 디지털 세상에 나만의 플랫폼을 구축했습니다.

내가 원하는 돈을 벌기 위해선 어떻게 해야 할까?

첫째, 내 책, 내 브랜딩, 내 플랫폼, 내 사업체를 가져야 합니다. 내 돈이 사라져도 내 플랫폼은 사라지지 않습니다. 내 통장에 있는 돈은 천만 원이 있다가 일이 생기면 없어질 수도 있습니다. 하지만 난 사라지지 않는 것을 가지고 있습니다.

난 플랫폼이라는 무대만 있으면 얼마든지 돈을 벌 수 있습니다. 내겐 내 이름과 얼굴이 박힌 1인브랜딩 책을 보고 계속 독자가 찾아오고 있습니다. 내 플랫폼에서 내게 도움을 받고자 하는 고객이 찾아오고 있습니다.

당신은 '고객이 내게 찾아오게 하는 브랜딩'을 하고 있습니까?

둘째, 난 나만의 매장이 있습니다. 무언가에 대한 정보를 원하는 사람들이 모이는 곳이 플랫폼입니다. '1인플랫폼연구소'는 1인플랫폼을 하고 싶은 사람들이 모이는 장소입니다.

그 사람들에게 필요한 정보를 제공해주면 그들이 나를 따라오지 않겠습니까? 책, 비법서, 세미나, 온라인 특강, 코칭 영상, 만나서 1대1 상담으로 필요한 도움을 주면 됩니다. 당신의 도움을 원하는 사람들이 모인 공간이 있습니까?

내겐 플랫폼이 있기 때문에 앞으로도 1인플랫폼을 원하는 사람들이 계속 모일 것입니다. 내겐 플랫폼이 곧 내 자산입니다.

세 번째입니다. 당신이 '사람 모으는 방법'을 안다면 평생 돈 걱정은 없을 것입니다. 내가 보험 영업을 한다면 어떻게 할까요?

난 보험이 필요한 사람을 모으는 플랫폼을 먼저 구축할 것입니다. 고객에게 도움이 되는 소책자를 쓰고 1인연구소를 만들고 무료 세미나를 열 것입니다. 난 내 스스로 고객을 모을 수 있습니다.

상담, 상담, 상담 계속해서 이렇게 상담이 들어오면 이 중에 한 건, 두 건 점점 계약도 나올 것입니다. 그렇다면 보험에서도 돈을 벌 수 있습니다.

내가 부동산 중개업을 하는데 좋은 투자처를 찾으려는 사람을 내 플랫폼에 계속 모은다면 어떻게 될까요? 역시 수수료가 계속 나올 것입니다.

평생 사라지지 않는 영원한 가치에 투자하라

당신은 지금 어디에 시간을 투자하고 있습니까? 어디에 돈을 투자하고 있습니까? 어디에 노력을 투자하고 있습니까?

난 평생 사라지지 않는 영원한 가치에 투자하고 있습니다. 난 고객이 나를 찾아오게 하는 1인브랜딩 시스템에 투자했습니다. 그 결과 난 동대문 5만 원짜리 가방 인생에서 천만 원짜리 샤넬 가방 같은 인생이 되었습니다. 당신이 1인브랜딩을 한다면 어떤 일을 하든지 적어도 먹고 사는 정도의 걱정에선 벗어날 것입니다.

당신은 깨달았습니까?

플랫폼은 단순히 내가 운영하는 온라인 카페를 넘어 내 디지털 자산입니다. 1년에 수천만 원을 만들어 주는 디지털 자산을 갖고 있다면 어떻게 될까요?

적어도 우리가 생활하는데 있어서 자그마한 돈 걱정은 안 해도 되지 않겠습니까? 난 디지털 자산을 만드는 디지털 자산가입니다.

1인브랜딩으로 벤츠를 타라. 제 25 장 – 최서준

1인브랜딩으로 돈 버는 아이템은 내 안에 있다

물론 세계적인 플랫폼, 좋습니다. 그런데 지금 당장 내가 어떻게 돈을 버는지가 더 중요한 것 아니겠습니까?

그래서 내가 깨달음을 얻은 것이 바로 '1인플랫폼'입니다. 우리가 당장 구글이나 페이스북, 아마존, 네이버, 카카오톡 같은 엄청나게 큰 플랫폼을 만드는데 시간이 걸립니다.

하지만 1인플랫폼은 우리가 지금 하는 일로 1인브랜딩을 시작할 수 있습니다. 나 역시 1인으로써 운영을 하고 있습니다.

당신 역시 어떤 주제에 관심 있습니까? 평생 어떤 일을 하고 싶습니까? 현재 어떤 일을 하고 있습니까? 어떤 일을 잘 합니까? 한 사람에게 어떤 도움을 줄 수 있습니까? 지금 어떤 아이템을 꿈꾸고 있습니까?

그렇다면 그것을 1인플랫폼으로 구축하십시오. 세계적인 플랫폼어도 1인으로 시작 했습니다. 차고에서 가장 작게 시작을 한 것이 애플, 구글입니다.

1인플랫폼으로 작게 시작해서 세계적인 플랫폼을 만드는 천재적인 비결입니다. 이 비결을 적극 활용하십시오.

돈을 버는 방법은 몇 가지일까

당신은 돈을 버는 방법을 몇 가지나 알고 있습니까?

난 스펙을 쌓아서 좋은 직장에 가는 것, 승진해서 CEO가 되는 방법밖에 몰랐습니다. 난 공부를 잘 하는 방법밖에 없는 줄 알았습니다. 난 내 성적에 따라서 내가 얼마를 버는지가 결정되는지 알았습니다. 그러다가 또 한 가지 방법을 알게 되었습니다.

공무원이 되어서 정해진 월급을 받는 방법입니다. 많은 돈은 아니지만 공무원 시험에 합격하면 안정적으로 월급을 받으며 정년까지 보장되는 일이었습니다. 난 이 길도 알게 되었습니다.

그 다음에는 주식, 그 중에서도 선물옵션이라는 것을 알게 되었습니다. 코스피 주가가 오를지 내릴지에 돈을 투자하는 아주 위험한 투자였습니다. 난 이 방법도 알게 되었습니다.

그 다음에는 네이버에 주식 카페를 만들어서 돈을 버는 방법도 알게 되었습니다. 카페에 있는 배너, 메뉴별로 입점한 업체가 매월

수십만 원씩 내고 있었습니다. 난 카페가 돈이 된다는 것도 알게 되었습니다. '아, 이런 방법으로도 돈을 벌 수 있구나'

그 다음에는 주식과 관련된 거래 프로그램을 만들어서 돈 버는 사람을 보았습니다. '아, 이렇게 프로그램 하나 만들어서 여러 사람에게 팔면 이렇게도 돈을 벌 수 있구나' 그 당시에 그 사람은 벤츠를 타고 다녔습니다.

그 다음엔 영업으로 월 3천만 원씩 버는 사람을 알게 되었습니다. 내가 온라인 마케팅 회사에서 영업을 배우려고 했는데 신입사원인 내게 멘트부터 가르쳐줬습니다.

덩치도 으리으리하고 말도 굉장히 잘했습니다. 이전에 하던 일인 부동산 분양업으로 월 3천만 원을 벌며 고급차량인 BMW를 타고 다녔습니다.

1인브랜딩으로 돈 벌 수 있는 아이템은 내 안에 있다

'아, 영업도 정말 잘하면 이렇게 살 수 있구나' 난 돈을 버는 새로운 세계에 계속 눈을 뜨고 돈을 버는 수많은 방법의 깨달음이 몰려 왔습니다.

그 다음입니다. 난 마케팅 강의를 해서 돈을 버는 사람도 알게 되었습니다. '아, 마케팅 강의로도 한 달에 천만 원, 2천만 원, 수천만 원을 벌 수 있구나'

난 분야별로 잘 버는 사람들을 보며 '아, 돈 버는 방법이 이렇게 많이 있구나' 눈을 뜨게 되었습니다.

난 처음에 '아, 직장을 다녀서 내가 좋은 대학을 나와서 좋은 영어점수를 받고 좋은 회사에 가서 조금이라도 초봉이 더 높은 곳을 가야 겠구나' 이 방법만 알고 있었습니다.

하지만 아니었습니다. 세상은 그렇지 않았습니다. 돈을 버는 방법은 해변의 모래알처럼 수없이 많았습니다. 직장, 공무원, 부동산 투자, 프랜차이즈 본사 만들기, 마케팅 강의하기, 영업 분야, 컴퓨터 소프트웨어 만들기까지 수익화를 하는 많은 사례를 보게 되었습니다. 그 시작은 모두 1인플랫폼이었습니다.

내가 돈을 버는 방법을 더 알고 싶어서 움직이니 세상에는 수없이 많은 사람들이 저마다 다른 방법으로 돈을 번다는 것을 알았습니다. 거리를 보면 벤츠 자동차가 많이 보이지 않습니까? BMW도 많이 보이지 않습니까? 아우디 자동차도 많이 보이지 않습니까?

'그 사람이 가치 있게 생각하는 것을 도와줘라'

한 사람이 삶에서 필요한 것을 제품으로 도와주는 아름다운 일이 1인플랫폼입니다. 당신도 1인플랫폼으로 원하는 차와 집, 꿈을 이루게 될 것입니다.

1인브랜딩으로 벤츠를 타라. 제 26 장 – 최서준

1인브랜딩으로 억만장자 대부호가 되라

당신은 예식장에서 일해본 적이 있습니까?

난 예식장에서 일을 했던 적이 있습니다. 여기서는 시급이 8천 원까지 받았습니다. 하루에 10시간을 일하면 8만 원입니다. 이것도 그때는 많은 돈으로 느껴졌습니다.

내가 직장에서 일을 할 때는 하루에 8만 원을 벌었습니다. 한 달에 22일을 일하면 170만 원 정도가 됩니다. 내가 영업을 했을 때는 하루에 6만 원 정도를 벌었습니다. 그러면 한 달에 22일을 일하면 130만 원 정도가 되었습니다.

이렇게 내가 플랫폼을 시작하기 전에는 하루에 8만 원, 6만 원, 몇 만 원 정도만 벌었습니다. 직장을 다니면서 한 달에 500만 원을 번다고 칩시다. 그러면 22일을 일하니까 하루에 20만 원 정도를 버는 것입니다. 노동업의 세계에서는 8만 원, 20만 원, 10만 원 이렇게 법니다.

이제는 아닙니다. 난 노동업을 졸업하고 럭셔리 1인플랫폼을 하고 있습니다. 가방도 샤넬 가방이 있고 동대문 가방이 있지 않습니까? 동대문 가방은 하나 팔아서 3만 원, 5만 원밖에 못 법니다.

하지만 샤넬 가방은 하루에도 천만 원, 1억을 벌 수 있습니다. 난 샤넬 같은 1인플랫폼을 운영하고 있습니다.

당신은 지금 벌고 있는 것에 만족합니까? 원하는 것을 위해 무언가를 계속 찾고 있습니까?

나 역시 공장에서 일을 하고 영업을 하고 직장을 다니고 그럴 때는 작은 돈만을 벌었습니다. 푼돈만을 벌었습니다. 하지만 지금은 내가 내 가치를 럭셔리하게 높였습니다. 난 내 가치에 럭셔리 가격표를 매깁니다.

당신은 당신의 가치에 얼마의 가격표를 매깁니까?

왜 1인브랜딩이 억만장자 대부호의 비결일까요?

나는 1인플랫폼을 깨닫고 단기간에 내 사업을 하게 되었습니다. 난 1인플랫폼으로 내가 꿈꾸던 강연가와 작가, 디지털 자산가가 되었습니다. 나는 내가 원하는 책을 마음껏 써내고 내가 원하는 강연도 마음껏 하게 되었습니다. 내 재능을 럭셔리 제품으로 만들어 팔게 되었습니다.

"경쟁하지 말고 독점하라." 미국 실리콘밸리의 플랫포머인 피터 틸(Peter Thiel, 페이팔 창업자)은 말했습니다. 나도 70억 인구 중 나만이 할 수 있는 일, 나만이 가진 재능으로 천재적인 책, 천재적인 1인플랫폼을 세상에 내놓았습니다.

당신은 지금이 불경기라고 생각합니까?

"지금은 풍요의 시대입니다. 앞으로는 더욱더 디지털 시대가 열어 준 기회가 많을 것입니다." 난 강연에서도 당당히 말합니다. 난 특급 호텔에서 티타임을 가지며 내 미래를 현실로 만듭니다. 시간에서도 자유롭습니다. 회사에 출퇴근하지 않기 때문입니다.

나는 디지털 공간에 만들어 둔 내 1인플랫폼, 책플랫폼, 1인미디어가 나를 대신해 땀 흘려 일합니다. 나를 대신해 내 고객을 모아 주고 상담을 해줍니다. 사람들은 책에서 나를 만납니다. 그래서 난 구두 밑창이 닳아 없어지도록 바쁘게 안 움직여도 됩니다.

내 1인플랫폼과 책, 동영상이 전국과 세계를 다니며 나대신 상담과 영업을 해줍니다. 내 가치를 전합니다. 내 독자들과 고객들은 나를 만나기 위해 스스로 찾아옵니다.

나도 처음부터 이렇게 시작한 건 아닙니다. 평일엔 영업을 하고 주말엔 공사 현장에서 일하며 투잡을 했습니다. 명함 하나 가지고 서류 가방을 든 채 정장을 차려입고 돌아다니는 영업은 지금 돌이켜 봐도 너무 힘들었습니다. 공사 현장 일은 더 힘들었습니다.

그래서 나는 결심했습니다. 내 플랫폼과 내 책, 내 동영상이 나를 세상에 알리고 내 고객을 찾아오게 했습니다. 나는 내 인생을 위해 과감하게 결단하고 밀고 나갔습니다.

당신은 강한 결단력이 있는가? 지금 시작할 수 있는가?

나는 결단력이 아주 강한 사람입니다. 누군가가 주는 봉급에 의존하지 않고 내가 내 인생을 책임지겠다고 결단한 것이 내 평생에 가장 잘한 선택입니다. 평생 후회하지 않습니다.

나는 책도 내 삶과 깨달음, 스토리가 담긴 책을 씁니다. 책이 고객을 모아 주고 상담을 해주니 사업이 자동화 되었습니다.

나는 내 1인플랫폼과 내 책과 미디어를 만들고 나서 원하는 일을 마음껏 시작했습니다. 강연과 특강에서 몇 시간 동안 말하던 내용을 동영상에 담았습니다. 내 고객이 나에게 가장 많이 물어보던 상담 내용들도 들어 있습니다.

이젠 내가 영업과 상담을 하지 않아도 됩니다. 내가 할 말을 미리 책과 영상에 다 담아뒀기 때문입니다. 내가 자동화 시스템을 깨닫기 전에는 상상도 못한 일이 펼쳐졌습니다.

앞으로 1인미디어 혁명, 4차산업 혁명이 옵니다. 이미 왔습니다. 나는 그것을 보고 일찍이 미래를 준비해 왔습니다. 그래서 나는 디지털 세상에서 인생을 뒤바꿀 기회를 잡았습니다. 난 이런 시대의 흐름을 늘 감사하게 생각하고 있습니다.

"최서준 작가님, 작가님의 책을 읽고 1인플랫폼의 길을 깨달았습니다. 작가님께 코칭을 받고 싶습니다."

내 책을 읽은 독자들이 나를 찾아옵니다.

"저는 평범한 직장인인데, 저도 1인플랫폼을 할 수 있을까요?"

어떤 독자는 이런 말을 합니다.

오늘도 산책을 하는 도중에 카카오톡 '최서준TV' 아이디로 상담 카톡이 왔습니다.

"최서준 작가님, 안녕하세요. 저는 평범한 직장인이에요. 보험이나 부동산도 아니고 사업을 하는 것도 아니고 단지 지금 평범한 직장인입니다. 하지만 이젠 직장이 아닌 작가님처럼 저도 저만의 재능을 살려 1인플랫폼을 시작하고 싶어요. 작가님을 만나 코칭을 받고 저도 천재적인 1인플랫폼을 하고 싶습니다."

나는 그 순간 큰 깨달음을 얻었습니다. 내가 책을 쓰기 전에는, 내가 1인플랫폼을 하기 전에는 아무리 내가 하는 일에 대한 글을 써도 몇 명만이 내 가치를 알아볼 뿐이었습니다.

"고객이 스스로 나를 찾아오는 비결이 있어요. 그 방법을 무료로 상담해 드리겠습니다"라고 글을 써도 사람들은 가치를 알아보지 못했습니다.

내 책을 써내니 내 가치를 사람들이 인정했다

그런데 내 깨달음과 스토리를 책으로 써내니 고객이 이미 나를 만나기도 전에 내 분신인 내 책을 읽고 왔습니다. 고가의 비용에도 내 1인플랫폼 코칭을 받고 싶다고 했습니다.

나는 무일푼으로 시작했습니다. 불과 1년 전만 해도 나는 고된 육체노동을 하며 인천 공항에서 이삿짐을 옮기기도 하고 몸과 마음이 지칠 대로 지쳐 있던 상태였습니다. 하지만 그 때에도 나는 미래에 대한 신념을 잃지 않았습니다.

1인플랫폼은 작게 시작합니다. 나는 처음에 '고객획득실천회'라는 이름으로 시작했습니다. 사업자들에게 "사람을 모으면 수익을 올릴 수 있다"고 말하며 1인코치로 아주 작게 시작했습니다.

하지만 사람이 한 명, 두 명 모이고 상담도 한 명, 두 명 진행하다 보니 어느새 스무 명을 한 달 만에 상담하게 되었습니다. 어떤 분들은 "와, 고객이 나에게 찾아오는 방법이 있군요. 저도 최서준 대표님에게 고객이 스스로 나를 찾아오는 1인플랫폼 노하우를 코칭 받고 싶습니다."라고 했습니다.

그렇게 코칭 사업을 시작하게 되었고 금세 나는 직장을 그만두어도 될 만큼 여유가 생겼습니다. 불과 한 달 만에 일어난 일입니다. 나는 그때 깨달았습니다.

'내가 디지털 공간에 만든 나만의 공간인 내 플랫폼에 사람을 모으면 시간과 소득이 기하급수적으로 올라가겠구나'

나는 그렇게 1인플랫폼을 단기간에 성공시켰고 당신도 나처럼 성공할 수 있는 비결을 책에서 반복해서 말할 것입니다.

1인브랜딩으로 벤츠를 타라. 제 27 장 - 최서준
난 1인플랫폼으로 한 분야의 멘토가 되었다

당신은 한 분야의 전문가로써 인정받고 있습니까? 존중받고 있습니까?

나는 내가 만든 플랫폼을 통해서 한 분야의 전문가로 인정받고 있습니다. 나 자신이 1인으로써 브랜딩이 구축되었기 때문입니다. 어떻게 이것이 가능했을까요?

그저 열심히 한다고 나를 알아주는 시대는 지났다

당신이 직장을 10년, 20년, 계속 다니면 그 분야의 전문가로 인정받을 수 있을까요?

당신이 자영업을 하고 있다면 그 자영업을 10년, 20년 계속 하면 고객이 당신을 전문가로 알아줄까요?

당신이 주부라면 시간이 지금처럼 흐른다고 해서 당신이 전문가로써 돈을 벌게 될까요?

미래는 내가 만드는 것입니다. 내겐 내 이름과 얼굴이 박힌 네이버 카페가 있습니다. 나는 이 네이버 카페로 아주 작게 시작했습니다. 내 플랫폼의 첫 번째 이름은 '고객획득실천회'였습니다.

내가 잠재 고객 모으는 방법에 많은 연구를 해 왔고 그 분야의 전문가로써 스스로 포지셔닝 했습니다. 난 스스로를 1인브랜딩했습니다.

"제가 전문가입니다"라고 표현하면 사람들이 찾아온다

난 고객획득실천회라는 플랫폼을 만들어서 "사람 모으는 방법을 배우고 나만의 플랫폼을 구축하세요."라고 내 확신을 전했습니다. 내가 스스로 "나는 전문가입니다"라고 표현했습니다.

나는 네이버 카페를 매장으로 선택했고 그 곳에 내가 가진 재능을 칼럼으로 표현했습니다. 메인 화면에 내가 전문가로써 강연을 하는 사진을 올려놓았습니다.

나는 이 카페를 내 매장으로 생각하고 관리를 소중히 했습니다. 그러자 고객들은 나를 전문가로써 인식했습니다. 내 이름과 얼굴이 박힌 한 분야의 1인플랫폼을 운영하고 있었기 때문입니다.

"최서준 운영자님"

사람들은 나를 전문가로써 존중해 주었습니다. 나를 만나 도움을 받기 위해 내 1대1 특별 과외에 흔쾌히 등록했습니다.

1인브랜딩이 구축되니 똑같은 시간을 일해도 몸값이 10배, 100배 높아졌습니다. 내 이름과 얼굴이 박힌 내 책을 보니 자존감도 올라갔습니다. 당신은 고객에게 도도하게 "저는 그런 고객은 받지 않습니다."라는 말을 합니까? 원치 않는 고객은 거절합니까?

난 나와 맞지 않는 고객, 생각이 부정적인 고객, 함께 갈 수 없는 고객은 내가 거절합니다. 당신이 고객이 스스로 찾아오게 만들면 행복한 고객만 만나게 됩니다.

1인브랜딩으로 고액 거래를 하라

온라인 매장이란 무엇일까요? 나를 찾아오는 고객들을 모으고 관리하는 공간입니다. 그 사람들은 왜 나를 찾아올까요? 그들이 가진 문제가 있고 그 문제를 해결하기 위해서입니다.

그렇다면 그 플랫폼의 운영자인 나는 무엇을 하면 될까요? 나는 그들의 문제를 해결해 주는 제품을 내 온라인 매장에 올려 둡니다. 그들은 필요에 의해서 내 제품을 삽니다.

내가 한 플랫폼의 운영자로써 1인브랜딩이 형성되니 고객은 내 제품이 몇 만 원 짜리든 몇 십만 원 짜리든 몇 백만 원 짜리든 필요하면 비싸지만 샀습니다.

내가 1인플랫폼을 구축한 전문가이기 때문입니다. 이미 제품을 구입한 다른 고객의 후기도 풍성하게 있기 때문에 그들은 신뢰를 가집니다. 당신은 깨달았습니까?

고객이 신뢰할 만한 결과물을 고객에게 먼저 표현하십시오. 당신이 고객과 만나 행복한 사업을 하는 이야기를 표현하십시오. 그것을 본 다른 고객이 "저도 도움받고 싶어요."라고 하며 당신을 찾아올 것입니다.

1인브랜딩으로 벤츠를 타라. 제 28 장 – 최서준

난 나만의 심플한 성공 원리를 만들었다

당신은 최고의 1인브랜딩 비결을 알고 있습니까?

나는 최고의 1인브랜딩인 플랫폼 운영자가 되었습니다. 내가 한 분야의 플랫폼 운영자가 되니 그 이후부터는 내 사업이 일사천리로 풀려 나갔습니다.

왜일까요? 사업에서 가장 중요한 것은 고객을 모으는 것입니다. 그렇다면 그 고객은 누구에게 몰릴까요?

바로 한 분야의 전문가입니다. 한 분야의 1인플랫폼을 운영하는 운영자입니다. 난 처음에 1인플랫폼부터 구축하고 책부터 쓰고 시작했습니다. 그 결과 내 사업이 단기간에 자리 잡았습니다.

당신이 1인브랜딩을 구축하려면 지금부터 어떻게 해야 할까요?

나는 내 1인브랜딩 성공 원리를 심플하게 정립했습니다.

첫째, 1인플랫폼으로 브랜딩 하라.
둘째, 고객이 모이는 플랫폼을 구축하라.
셋째, 그 곳에 내 진짜 고객을 계속 모아라.
넷째, 그들이 필요로 하는 것을 제품으로 만들어서 도와주어라.

나는 이 비결로 독보적인 길을 가고 있습니다. 당신도 이 길을 가면 경쟁이 없는 길을 갈 수 있습니다. 당신의 이름과 얼굴이 박힌 당신의 카페, 온라인 매장을 보면 당신은 어떻게 느낄까요?

고객은 당신을 전문가로 인식하게 될 것입니다. 당신을 평범한 한 사람이 아니라 당신을 한 분야의 해결책을 주는 전문가로 인식을 할 것입니다.

당신만의 성공원리를 정립하십시오. 그 길을 당신도 가고 당신의 고객에게도 알려주십시오. 그것을 알려주는 표현이 최서준이 말하는 천재적인 1인브랜딩입니다.

1인브랜딩으로 벤츠를 타라. 제 29 장 – 최서준
부자아빠가 될 것인가 가난한 아빠가 될 것인가

　당신은 직장인, 사업가 둘 중에 어느 것이 되고 싶습니까?

　나는 간절히 사업가가 되고 싶었습니다. 내가 사업가가 되어야 겠다고 결심한 건 10년, 15년 된 일입니다. 그때 읽은 책이 있습니다. 많은 사람들이 아는 '부자아빠 가난한아빠' 책입니다.

　나는 그 책을 읽고 내 미래를 결단했습니다.

　'난 절대 직장인으로 살진 않을 거야'

　난 직장인으로 살기는 싫었습니다. 나는 사업가, 자산가, 투자가가 되고 싶었습니다. 세상엔 네 가지 서로 다른 세계에서 사람들이 살아갑니다.

첫째, 투자가의 세계입니다.
둘째, 사업가의 세계입니다.
셋째, 자영업자의 세계입니다.
넷째, 직장인의 세계입니다.

나는 이 네 가지 중 간절히 사업가가 되고 싶었습니다. 난 남이 시키는 일을 하고 싶지 않았습니다. 사랑하지 않는 일을 억지로 하고 싶지 않았습니다.

부자아빠의 길을 갈 것인가? 가난한 아빠의 길을 갈 것인가?

난 선택해야 했습니다. 난 부자 아빠가 간 성공한 사업가의 미래를 가기로 했습니다. 지금 시대는 나 같은 개인도 1인브랜딩을 구축하고 1인플랫폼으로 수익화 하기에 아주 좋은 때입니다.

당신은 깨달았습니까?

첫째, 1인플랫폼의 길을 가라.

난 내가 사랑하는 일을 합니다. 그 일을 1인플랫폼으로 만들어 하고 있습니다. 내겐 일이 아니라 내 삶입니다.

둘째, 책을 쓴 다음 무슨 제품을 팔지 미리 구상하라.

난 글로 읽는 제품, 동영상으로 보는 제품, 귀로 듣는 제품, 실제로 특강에 오는 제품, 상담을 받는 제품까지 다양하게 제품을 만들었습니다. 책을 읽은 독자가 1인브랜딩을 하고 싶으면 원하는 제품으로 나를 만납니다. 난 다양한 제품, 다양한 수익화 구조를 만들었습니다.

셋째, 브랜딩 책으로 내 1인브랜딩을 구축하라.

브랜딩을 하는 가장 빠른 비결은 무엇일까요? 바로 내 이름과 얼굴이 박힌 내 책을 써내는 것입니다. 난 이것을 책플랫폼이라고 합니다. 난 책을 한 해에 열 권 이상 냅니다. 나를 지속적으로 브랜딩하기 위해서입니다. 1인브랜딩 시스템을 가지면 그렇게 됩니다.

당신은 부자아빠가 되고 싶습니까? 가난한 아빠가 되고 싶습니까? 당신도 부자아빠의 길을 가십시오. 그 길은 1인브랜딩의 길, 1인플랫폼의 길입니다. 난 나 최서준을 성공시켜주는 시스템을 갖고 있습니다. 당신은 시스템이 있습니까?

난 나만의 키워드로 1인브랜딩합니다. '1인사업으로 인생역전하라' '1인플랫폼 마케팅' '1인브랜딩으로 벤츠를 타라' 난 내가 원하는 키워드를 내 저서로 브랜딩합니다.

"난 내가 꿈꾸던 1인플랫포머가 되었습니다."
"난 내가 필요한 것을 만드는 생산자가 되었습니다."
"오늘이 내겐 너무나 아름다운 밤입니다."

나는 토익을 한 번도 쳐본 적이 없다

당신은 자격증을 얼마나 많이 가지고 있습니까?

나는 운전 면허증 빼고 자격증이 하나도 없습니다. 가지고 있는 유일한 자격증은 운전면허 1종 보통 자격증입니다. 꼭 자격증이 있어야 돈을 잘 벌 수 있을까요?

아닙니다. 돈 잘 버는 데는 자격증이 필요 없습니다. 자본주의 사회에선 능력만큼 돈을 법니다. 특히 요즘 가장 중요한 능력은 대표인 나 자신을 가치 있게 브랜딩하는 능력입니다. 고객을 모으는 고객 획득 노하우, 나를 브랜딩하는 1인브랜딩 노하우가 자격증보다 억만 배나 중요한 것입니다.

사업을 하려면 세무서에 가서 사업자 신고를 하고 바로 사업을 시작하면 됩니다. 책을 쓰는 데도 자격증이 필요 없습니다. 난 퓨쳐인베스트 출판사의 대표입니다. 나를 위한 책플랫폼을 만들고 내 깨달음과 스토리가 담긴 책을 지속적으로 냅니다. 내가 강연을 하는데도 강사 자격증이 필요 없습니다.

최고의 돈 잘 버는 자격증은 뭘까?

난 내 책을 읽은 독자를 대상으로 저자 특강을 합니다. 나만의 천재적인 강연 원리로 현장에서 감동을 주는 강연을 합니다.

당신은 최고의 자격증이 무엇인지 깨달았습니까?

첫째, 책입니다. 책은 전문가로 인정받는 자격증의 끝입니다.

둘째, 플랫폼입니다. 한 분야의 플랫폼을 운영한다는 것, 한 분야의 커뮤니티를 운영한다는 것은 최고의 전문가로 인정받는 자격증입니다.

셋째, 강연가의 길입니다. 한 분야에서 책을 쓰고 저자 특강, 저자로써 강연을 하는 것은 가장 명예로운 전문가라는 인증입니다.

전문가는 이 세 가지를 합니다. 나는 더 이상 남이 만든 자격증을 따지 않습니다. 그건 수재와 영재의 길입니다. 난 가끔 서점에 가서 영어 자격증, 강사 자격증, 혹은 전기 기사 자격증 같은 특수한 분야의 자격증까지 봅니다.

'와, 뭐가 이렇게 어려워? 이 자격증을 따는 사람들은 도대체 어떤 사람들일까?' 내겐 그 내용이 너무나도 어려워 보였습니다. 그것을 딴다고 한들 내게 보장 되는 게 하나도 없습니다.

난 1인플랫폼학교를 내가 직접 세웁니다.
난 최고의 자격증인 책을 써냅니다.
난 회사에 들어가지 않고 내 회사를 만듭니다.
난 소비자가 아니라 생산자의 길을 갑니다.
난 플랫폼도 내 1인플랫폼을 직접 만듭니다.
시대가 달라졌습니다. 돈을 버는 방법도 달라졌습니다.

당신의 미래를 책임지는 것은 무엇인가?

난 내 책이 내 미래를 책임집니다. 플랫폼이 내 미래를 책임집니다. 지금도 난 열심히 책을 쓰고 있습니다. 책이 출간되면 이 책을 읽은 독자가 전국에서 날 찾아 올 것입니다.

'와, 얼른 내 분신이 태어났으면 좋겠어. 독자를 얼른 만나고 싶어. 하하' 난 행복한 마케팅과 세일즈를 합니다. 이 책 한 권이 내 사업을, 내 미래를, 내 평생을 책임집니다. 내 고객까지도 책임집니다.

당신이 가는 길은 자격증만 따는 길입니까? 아니면 당신의 미래가 보장되는 최고의 자격증의 길입니까?

나는 지금도 운전 면허증 빼고 자격증이 하나도 없습니다. 그래도 나는 전문가입니다. 난 내 가치를 스스로 인정합니다. 그 가치를 1인브랜딩으로 1인플랫폼으로 책플랫폼으로 표현합니다.

난 내 삶에 가장 시급한 문제인 내 1인브랜딩을 구축하는 것부터 시작했습니다. 당신도 인생에 가장 시급한 것부터 시작하십시오. 고객은 결과물을 가진 사람에게 찾아옵니다.

1인브랜딩으로 벤츠를 타라. 제 30 장 - 최서준
1인브랜딩을 구축하고 겪은 놀라운 일들

당신은 1인브랜딩을 구축하고 놀라운 일을 겪어 보았습니까?

난 1인브랜딩이 구축되고 놀라운 일을 참 많이 겪었습니다.

첫째, 고객이 나를 만나기도 전에 신뢰를 가지고 날 찾아 왔습니다. 내가 한 분야의 책을 쓰고 한 분야의 플랫폼을 가지고 나니 나라는 사람이 한 분야의 영향력 있는 인물이 되어 있었습니다.

그래서 내게 찾아왔을 때도 "대표님, 회장님, 운영자님, 작가님" 명칭은 서로 달랐지만 그들은 나를 존중해 주었습니다. 나도 고객을 더욱더 돕고 싶어지는 마음이 생겼습니다.

당신도 1인브랜딩을 가지게 되면 고객이 당신을 만나기도 전에 신뢰를 가질 것입니다. 사람들은 내가 쓴 책이라는 결과물을 신뢰합니다. 책은 신뢰받는 결과물의 끝이기 때문입니다.

　결과물이 하나가 아니라 많으면 어떻게 될까요? 고객은 그 사람을 찾으러 가지 않을까요? 난 결과물을 쌓는 원리를 정립했습니다.

　첫째, 누구나 인정하는 결과물을 하나 만들라.
　둘째, 결과물을 5개, 10개, 계속 만들라.
　셋째, 고객은 그 결과물을 보고 찾아온다. 가치를 깨달으라.

　고객은 말이 아닌 결과물에 돈을 냅니다. 결과가 곧 사업가의 실력이기 때문입니다. 내 가치와 삶, 깨달음과 지혜를 모두 책에 담아 둡니다.

당신도 책을 읽은 고객만 만나라. 영업이 정말 쉽다

　난 책을 읽은 고객만 만납니다. 고객에게 내 온라인 매장에 있는 '나를 만나 성공한 사람들의 후기'를 읽고 오게 합니다. 그들이 원하는 모습을 이미 이룬 사람, 그 후기를 보면 그들 스스로 확신을 가지고 미래로 나아갑니다. 자신과 같은 상황에서 결과를 만들어 냈기 때문입니다.

　당연히 신뢰도도 하늘과 땅 차이로 느끼게 됩니다. 당신도 최고의 가치 있는 브랜딩으로 당신의 신뢰성을 높이십시오. 사업가는 오로지 결과물로 말합니다.

둘째, 전국 각지에서 사람들이 나를 찾아오게 되었습니다. 어떤 고객은 부산에서 찾아왔습니다. 어떤 고객은 전주에서 찾아왔습니다. 어떤 고객은 강원도 원주에서 견과류 사업을 하는 분이었습니다.

인천, 경기도, 서울, 전국 각지에서 내가 고객을 모으는 분야의 전문가로 1인브랜딩을 하니 그들이 나를 찾아온 것입니다. 당신도 1인브랜딩이 되면 지방에서도 고객이 당신을 찾아올 것입니다.

셋째, 1인브랜딩을 통해서 내 삶의 가치가 최고로 올라갔습니다. 내가 브랜드를 가지기 전에는 노동업을 하고 있었습니다. 내 시간을 팔아서 돈을 겨우겨우 벌고 있었습니다.

나 한 명의 입에 풀칠하기도 힘들었습니다. 하지만 이제는 해외에 가서도 돈을 벌게 되었습니다. 그 시간에도 교보문고에서는 내가 쓴 책이 내 인지도, 내 가치를 계속 높여 주고 있기 때문입니다.

넷째, 난 고객을 도와주고 돈을 버는 최고의 가치 있는 1인플랫폼을 하게 되었습니다. 내가 가치 있는 존재, 상담 비용을 내야 만날 수 있는 존재가 되었기 때문입니다.

당신도 의사가 되라. 고객의 병을 고쳐주라

당신은 의사를 만나서 상담을 받아보았습니까?

나는 한 분야의 병을 고쳐 주는 의사가 되었습니다. 난 고객에게 1인브랜딩이라는 수술로 병을 말끔히 없애줍니다. 내가 의사가 되니 오히려 상담 비용을 받으면서 고객을 도와주게 되었습니다.

고객은 "감사합니다, 최서준 작가님" "감사합니다, 회장님" 내게 고마움을 표현합니다. 난 내 가치를 알고 가치를 존중하는 고객만 만났기 때문입니다.

당신도 최서준의 1인브랜딩을 통해 당신 삶의 가치를 올리십시오. 내 이름 세 글자의 가치를 올리는 데 얼마면 충분하겠습니까? 돈으로 절대 표시 못합니다.

인생을 몇 번 삽니까? 단 한번 삽니다. 1인브랜딩은 한번뿐인 내 삶의 가치를 정말 값진 인생으로 바꾸는 일입니다. 내 사업을 백화점 명품관의 샤넬 가방처럼 가치 있게 만듭니다.

당신도 이제 고객을 여기저기 찾아가는 마케팅과 영업을 졸업하십시오. 당신의 가치와 당신의 몸값을 올리는 1인브랜딩을 시작하십시오. 여기저기 돌아다니는 것보다 더 시급한 일입니다.

잠재고객이 나를 찾아오는 경로를 여러 개 만들어라

당신은 잠재 고객을 만나는 경로가 몇 가지가 됩니까?

나는 고객을 여러 경로로 만납니다. 내가 텔레마케팅 일을 할 때는 가지고 있는 DB를 통해서 전화로만 고객을 만났습니다. 내가 성형외과 영업을 할 때는 동네에 있는 미용실, 네일아트샵 주소를 찾아간 다음에 대면으로만 만났습니다.

하지만 이제 그런 영업을 졸업했습니다. 난 내 분신을 계속 만들고 분신이 고객을 만나게 합니다. 난 천재적인 세일즈, 천재적인 마케팅을 하고 있습니다. 지금 이 책도 내 분신이 당신을 만나는 것입니다. 난 내 고객을 만나는 경로도 다양화했습니다.

첫째, 책을 통해서 내 독자를 만납니다.

광화문 교보문고, 강남 교보문고, 전국 교보문고와 예스24, 온라인 서점에 내 책이 팔리고 있습니다. 지금 이 시간에도 독자는 내 책을 읽고 있습니다. 책을 통해서 만나고 있는 것입니다.

둘째, 내 플랫폼에서 내 회원들과 만나고 있습니다.

주기적으로 내 책이 나오거나 혹은 내 제품이 나오면 내 고객에게 이런 도움이 있다고 알립니다. 그러면 도움을 받고 싶은 고객은 스스로 신청을 하고 스스로 움직입니다.

셋째, 온라인 미디어로 만나는 경로입니다.

난 유튜브 '최서준TV' 채널을 만들어 고객에게 도움을 줍니다. 난 영상으로도 내 고객을 만납니다.

넷째, 오프라인 특강에서 내 고객을 만납니다.

직접 나를 만나고 싶어 하는 내 마니아 고객을 직접 만나는 것입니다.

내 대신 일해 줄 분신을 계속 만들라

당신은 깨달았습니까?

난 내 대신 일해 줄 분신을 계속 만듭니다. 책이라는 분신도 열

개, 백 개의 분신을 만듭니다. 그 분신은 전국과 세계에서 나를 알려줍니다. 이것이 사업을 자동화하는 비결입니다.

당신의 플랫폼을 당신의 온라인 매장으로 삼으십시오. 당신의 깨달음과 지혜가 담긴 책으로 당신의 독자를 만나십시오.

1인미디어를 통해서 당신의 노하우, 당신의 제품을 이렇게 전하십시오. 나는 고객을 만나기 전까지는 직장인, 떠돌이 영업인일 뿐이었습니다.

하지만 이제는 당당하게 전문가로써 고객을 만납니다. 나는 나 자신을 전문가로 1인브랜딩 했습니다. 나는 전문가로 나를 포지셔닝 했습니다. 그 결과 고객이 나를 찾아오는 경로가 다양하게 되었습니다.

가만히 있어도 내 카톡으로, 내 1인플랫폼 매장으로 고객이 계속해서 나에게 상담을 요청합니다. 당신이 지금 어떻게 해야 할지 막막합니까? 아직도 잘 모르겠습니까?

내가 운영하는 온라인 카페에 가입하십시오. 그곳에서 내가 운영하는 상담과 특강에 참석하십시오.

1인브랜딩으로 벤츠를 타라. 제31장 - 최서준
돈을 못 벌고 싶어도 못 벌수가 없다

당신은 미래에 대한 믿음이 명확합니까?

나는 늘 이렇게 말합니다.

"나는 이제 못 벌고 싶어도 못 벌수가 없어"

당신은 이 말을 듣고 어떤 깨달음을 얻었습니까?

난 이제 못 벌고 싶어도 못 벌수가 없습니다. 가만히 있어도 내 책을 본 내 독자가 찾아오고, 내 플랫폼을 보고 내 회원이 찾아오기 때문입니다.

나는 내 팬이 네이버 카페에만 수천 명이 있습니다. 내 분야에 관심이 있어 내가 만든 플랫폼에 가입을 한 것입니다. 페이스북, 블로그, 유튜브에도 내 공간이 구축되어 있습니다.

이 공간은 모두 나 한 명의 가치를 올리고 나를 브랜딩하기 위한 공간입니다. 카카오톡 옐로아이디에는 내가 보내는 소식을 수백 명이 받아 보고 있습니다.

블로그, 밴드까지 다 합치면 1만 명이 넘는 사람들이 내가 쓴 글을 보고 내 특강 소식을 기다리고 최서준TV를 구독하고 있습니다. 내 잠재 고객이 계속 모이는 한 나는 못 벌고 싶어도 못 벌수가 없을 것입니다.

돈을 못 벌고 싶어도 못 벌 수가 없다. 1인브랜딩을 하면.

난 내 책으로 내 플랫폼으로 내 미디어로 내 제품으로 내 유튜브로 계속해서 1인브랜딩을 더 강력하게 쌓고 있습니다.

그 결과 이제는 못 벌고 싶어도 못 벌수가 없습니다. 나는 노동을 해서 돈을 버는 세계를 졸업했습니다. 돈이 벌리는 위치, 돈을 벌 수 있는 위치로 이동했기 때문입니다. 당신도 하루 일해서 하루 먹고 사는 삶을 졸업하십시오. 푼돈의 노예를 졸업하십시오.

난 돈을 버는 위치, 돈이 벌리는 위치로 위치를 바꿨습니다. 고객이 찾아오는 위치, 독자를 만나는 위치가 되었습니다. 난 한번뿐인 인생을 럭셔리하게 사는 럭셔리 1인플랫폼의 위치로 왔습니다.

"1인브랜딩은 돈을 못 벌고 싶어도 못 벌수가 없게 만들 것입니다."

1인브랜딩으로 벤츠를 타라. 제 32 장 – 최서준
1인브랜딩으로 자유를 누리게 되다

당신은 자유를 누리고 싶습니까? 새장 안의 삶이 싫습니까?

난 1인브랜딩 시스템으로 구축되면 자유를 매일 누립니다. 난 출근도 없습니다. 퇴근도 없습니다. 남이 시키는 일도 없습니다. 난 온전히 내 자유의지에 따라 삽니다.

난 지금 제주도로 가는 항공권을 예약했습니다. 오늘이 토요일 인데 내일부터 제주도에 가서 3박 4일 여행하다 오려고 합니다.

난 남들이 일을 하는 평일에도 여행을 갑니다. 일요일, 월요일, 화요일, 수요일 이렇게 4일 동안 여행을 가도 아무 지장이 없습니다. 휴가를 낼 필요도 없습니다.

노트북과 스마트폰 하나만 있으면 고객과 카톡, 메일, 전화, 문자 얼마든지 연결되는 경로가 있습니다. 난 노트북 하나만 있으면 내가 운영하는 네이버 카페를 관리할 수 있고 유튜브에도 동영상을 올릴 수 있습니다.

난 서울에 있든 도쿄에 있든 내가 어디에 있어도 매장 운영이 가능합니다. 카센터, 치킨집 같은 자영업이 아니기 때문입니다. 난 매일 내 몸이 출근, 퇴근 할 필요가 없습니다.

온라인에 로그인만 하면 되기 때문에 노트북 하나만 있으면 언제든지 접속해서 내 매장을 관리할 수 있습니다.

난 여행도 평일에 사람들이 출퇴근 할 때 갑니다. 비행기 티켓, 호텔, 자동차 렌트까지 모든 것이 성수기보다 저렴하고 북적거리지도 않습니다. 난 비행기 티켓을 예약해서 도쿄, 베이징, 괌 같은 휴양지까지 원하는 곳 어디든지 떠날 수 있습니다.

당신에게는 이런 시스템이 있습니까? 당신에게는 온라인 매장이 있습니까? 당신에게는 노트북 하나만 있으면 내가 어디를 가있어도 내 회원과 내 고객에게 수익화를 할 수 있는 그런 1인플랫폼이 있습니까?

난 예전에는 사무실에서 사무직 일을 했습니다. 온라인 광고회사에서 전화기 하나들고 계속 텔레마케팅 영업을 했습니다. 공장에 다닐 땐 계속 한 공간에 갇혀서 교대근무를 해야 했습니다.

이젠 공간의 제약, 새장 안에 갇힌 삶으로부터 벗어났습니다. 너무나도 좋습니다. 당신도 1인플랫폼 시스템으로 자유를 누리게 될 것입니다. 이미 당신 안에서 이루어졌습니다.

1인브랜딩으로 벤츠를 타라. 제 33 장 – 최서준
난 조직에 얽매이는 삶에서 졸업했다

당신은 조직에 얽매이는 삶이 좋습니까? 자유롭게 내 일을 하며 사는 게 좋습니까?

난 자유롭게 내 일을 하며 삽니다. 난 플랫폼으로 눈치 보는 삶을 졸업하게 되었습니다. 내가 이런 눈치 보는 삶이라고 하니까 1년 전에 했던 일이 떠오릅니다. 난 자동차 번호판 달아다주는 회사에서 일했습니다.

회사는 원래 9시에 출근해서 오후 6시가 되어야 퇴근을 합니다. 난 이 시간동안 일 하는 대가로 170만 원을 받았습니다. 월말이 되고 차가 많이 출고되면 일이 바빠집니다.

'아니, 퇴근 시간이 한참 지났는데 왜 자리에서 안 일어나지?'

7시, 8시, 9시가 되어도 사람들이 퇴근을 안 하는 것 아닙니까? 내 위에 과장, 부장, 이런 사람들이 퇴근을 안 하니 사원이었던 나 역시 퇴근을 못했습니다.

어떻게 그 사람들보다 더 낮은 직급인데 내가 먼저 퇴근을 할 수 있겠습니까? 눈치가 보여서 그러질 못했습니다. 난 오늘 해야 할 일을 다 끝내놔서 딱히 할 일도 없었는데도 계속 눈치를 봤습니다. 오늘 할 일을 다 했는데 엑셀, 한글, 워드 프로그램을 계속 켜놓고 키보드 치는 척 하면서 남아 있었습니다.

눈치를 봐야했기 때문입니다. 당신은 직장 생활을 해본 적이 있습니까? 그 곳에서 눈치 보는 경험을 해봤습니까?

'너무나도 비효율적이야, 내 인생이 너무나 아까워' 이런 생각이 끊이질 않았습니다. 난 빨리 내 할 일을 충실히 끝내놓고 내 미래를 위해 준비하고 움직여야 했습니다.

하지만 계속해서 밤 열한 시까지 남아있던 적이 한두 번이 아니었습니다. 토요일에도 일이 있으면 나와야 했습니다.

난 토요일, 일요일에는 내 미래를 위해서 1인플랫폼을 연구하고 1인플랫폼 디자인도 하고 1인플랫폼의 사례도 모아야 했습니다. 회사에서는 토요일도 일이 있으니까 계속 나오라고 했습니다.

네, 물론 회사가 바쁘면 도와줄 수 있습니다. 하지만 일을 다 했는데도 불구하고 눈치가 보여서 계속 남아있는 내 모습을 보며 너무나도 자괴감을 느꼈습니다.

'내가 계속 이렇게 살아야 하나? 난 꿈도 미래도 없는 사람인가?

그저 현실에 이렇게 안주해야 하나? 아, 내 인생이 이렇게 의미가 없이 흘러가는구나, 쓸데없는 곳에 내 인생을 허비하고 있구나.

이 곳에서 170만 원을 받는다 한들 1년, 2년 후에는 어떻게 될까, 내 아까운 인생이 1분, 1초가 아까운데 계속해서 흘려보내고 있구나' 난 깨달았습니다. 난 사표를 냈습니다.

난 한번 과감하게 결단하면 바로 행동합니다. 난 결과에 책임집니다. 난 눈치 보는 삶을 졸업했습니다. 결국 눈치 안 봐도 되는 1인플랫폼 일을 시작했습니다. 난 직장에서 평생 벗어나게 되었습니다. 지금은 내가 하나의 플랫폼이 되었습니다. 내가 곧 1인플랫폼입니다. 당신은 깨달았습니까?

1인플랫폼은 남을 위해 일하지 않습니다. 내 성공을 위해 내 가치를 표현합니다. 내 성공을 위해 나만의 1인플랫폼 공간을 가지게 됩니다. 내 성공을 위해 사업도 자동화합니다. 내 성공을 위해 천재적인 강연을 하게 됩니다.

모두 없어지지 않는 능력입니다. 그래서 1인플랫폼은 한번만 구축해두면 평생 돈을 못 벌고 싶어도 못 벌수가 없는 것입니다.

직장 스트레스, 인간관계 스트레스 졸업하기

당신은 직장 생활, 사람 관계에서 스트레스를 많이 받습니까?

난 사람으로부터 받는 스트레스를 졸업했습니다. 내가 지금까지 한 온라인 광고, 성형외과 일은 영업을 하는 입장이라 늘 을의 입장이었습니다.

전화를 걸어도 내가 늘 부탁하고 애원하는 입장이었습니다. 내가 직장을 다니면 상급자들이 있기 때문에 사람으로부터 스트레스를 많이 받았습니다. 퇴근도 늦게 했습니다. 내가 원하는 자유는 하나도 없었습니다.

내가 서비스직에 있을 때였습니다. 액세서리 가게에서 하루 열한 시간씩 일을 하면서 매장 관리 일을 했습니다. 아침 일찍 일어나 10시부터 셔터 문을 올렸습니다. 하루 11시간을 일하고 나면 밤이 깜깜해질 무렵 지친 몸을 이끌고 집에 들어갔습니다.

혹시라도 손님이 불만을 가지면 안 되기 때문에 진상 손님이 와도 대처를 해야 했습니다. 손님과 싸우면 안 되기 때문입니다. 매장 일을 하면서 사람 스트레스가 많았습니다.

이전에 공장에서 다닐 때도 마찬가지입니다. 나와 잘 맞지 않는 경우에도 하루 종일 그 공장에서 어울려 지내야 했습니다.

내가 어떤 일을 하든지 내겐 스트레스가 늘 많았습니다. 여기에서는 을이었고 그들에게 잘 보여야 했기 때문입니다. 그들이 나에게 싫은 말을 하고 내 자존감을 무너뜨리는 말을 해도 난 어떻게 대처를 못했습니다.

스트레스 받는 환경을 1인플랫폼으로 졸업하다

하지만 이제는 내 1인플랫폼이 있습니다. 내게 도움을 받기 위해서 독자가 찾아옵니다. 내 플랫폼에 회원이 찾아옵니다. 고객이 내게 찾아옵니다.

그들도 날 존중하는 마음으로 상황을 털어 놓고 도움을 구합니다. 난 내 고객과 독자 한명 한명을 소중히 여깁니다. 어떤 독자는 "안녕하세요, 최서준 작가님. 전 너무 힘든 상황에 있습니다. 1인 플랫폼 수익화 로드맵을 그리고 싶습니다. 저도 이 길을 가고 싶습니다." 이렇게 도움을 요청합니다.

어떤 자세로 말할까요? 바로 존중하는 자세입니다.

"네, 그러시군요. 지금 가진 이 아이템으로 먼저 1인브랜딩해야 합니다. 먼저 독자님의 가치를 표현해야 합니다. 그 다음에 온라인 매장을 만들어서 수익화를 해야 합니다" 이렇게 나 역시도 고객을 존중하니 서로 아무 스트레스가 없습니다.

고객과 상담을 자주 할 필요도 없습니다. 카카오톡, 전화, 문자, 온라인 카페, 메일 이렇게 필요할 때 만나서 코칭을 하고 나머지는 서로 도움을 주고 도움을 받는 오히려 엔돌핀이 샘솟는 행복한 관계입니다.

내가 과거로 돌아간다면

당신은 '아, 내가 이랬어야 되는데' 하는 후회를 해본 적이 있습니까? 난 그런 후회를 자주 했습니다. 내 머리 속에는 과거로 돌아가서 또 다른 나로 사는 후회가 많았습니다. 난 '내가 과거로 돌아간다면 이랬을 텐데' 하는 생각에 빠져 지냈습니다.

'그때부터 책을 썼으면 책이 벌써 나왔을 텐데'

'그때 원래 하려던 거 계속 했으면 더 지금 잘됐을 텐데'

'진작에 생산적으로 움직였다면 지금쯤 이렇게 초조하지 않을 텐데' 하지만 그 생각은 나를 괴롭히기만 했습니다. 그럴수록 더 초조해졌습니다. 더 생산적으로 못 움직이게 되었습니다. 마음이 갑갑하고 그래서 가만 앉아 있어도 집중도 잘 안되곤 했습니다.

그래서 생각을 바꿨습니다.

'오늘 하루 할 것을 알차게 끝내놓자'

생각을 조금만 바꾸니 마음이 한결 편했습니다. 난 '내가 과거로 돌아간다면' 하는 생각의 고리를 끊었습니다. 그리고 그 자리에 '오늘 내가 해야 할 것은 무엇일까' 생각합니다.

초조함도 사라졌습니다. 괴로움도 사라졌습니다. 마음에 갑갑함도 사라졌습니다. 당신은 깨달았습니까?

첫째, '내가 과거로 돌아간다면' 하는 후회에서 빠져나오십시오.

둘째, '내가 살고 싶은 미래는' 하고 펼쳐질 미래, 내 안의 이루어진 모습에 빠지십시오.

셋째, '지금 내가 해야 할 것은' 하고 오늘 해야 할 것을 정하고 하루를 알차게, 일을 끝내며 뿌듯한 마음에 들게 다 마치십시오.

미루면 후회하고 이루면 행복합니다.

1인브랜딩으로 벤츠를 타라. 제 34 장 – 최서준
내겐 억만장자 플랫포머의 꿈이 있다

당신은 당신의 고객에 대해 깨달음이 있습니까?

나는 1인플랫폼으로 나를 깨닫고 고객에 대해 깨닫게 되었습니다. 내 고객들은 보험, 부동산 등 다양한 분야에서 어떻게 하면 온라인을 활용해 잠재 고객을 모을 수 있을지 고민합니다.

나는 그들의 고민을 해결해 주며 오히려 내가 가장 많이 깨달음을 얻었습니다. 내가 책을 쓰면 나에 대해서 깨닫게 됩니다. 고객의 해결책에 대해 영상을 찍다 보면 고객의 고민을 더 깊이 알게 됩니다.

1인플랫폼이란 무엇일까요? '내가 가진 것'으로 고객의 문제를 해결해 주는 것입니다. 내가 가진 경험, 내가 가진 지혜에 난 아주 높은 가치를 매깁니다. 그것이 그만큼 가치있단 것을 알기 때문입니다.

내 고객은 나와 같은 고민을 하는 사람들입니다. 그들은 그 고민을 해결할 수만 있다면 얼마든지 높은 가치를 낼 것입니다. 그것이 바로 럭셔리 1인플랫폼입니다.

나는 혼자 있을 때 고객 한명을 두고 깊이 고민합니다. 이 책을 쓰면서도 '이 고객은 책만 한권 내면 이미 전문성과 실력은 있으니 자기 분야에서 제대로 가치를 인정받을 것 같아'라고 생각합니다.

나는 직장을 졸업하고 내가 원하는 것을 얻었다

나는 1인플랫폼으로 내가 가진 재능을 돈을 받고 팔게 되었습니다. 이전에는 직장에 월급을 받고 내 노동력을 팔았지만 이젠 그럴 필요가 없어졌습니다. 직장에 다닐 때보다 몇 배나 내 가치가 높아졌기 때문입니다.

출근도 할 필요가 없어졌습니다. 이제는 온라인에 만들어 둔 네이버 카페가 내 매장이 되었기 때문입니다. 나는 시간과 공간에서 자유로워졌습니다. 나는 직장에 다닐 때는 꿈도 꾸지 못했던 것들을 누리게 되었습니다.

직장에 다닐 때는 시간으로부터 자유롭지 못했습니다. 내 의견도 당당하게 말하지 못했습니다. 야근을 하는 분위기면 나도 같이 남아야 했습니다. 회사를 위해 내 인생에 아무 의미 없는 시간을 보내야 했습니다. 나는 그런 삶이 싫었습니다.

최서준이 말하는 1인플랫폼은 무엇일까요?

첫째, 1인플랫폼은 미래로 가는 길입니다.

앞으로 4차산업 혁명이 오고 디지털 시대가 더욱 가속화되면 이제 직장은 점점 줄어듭니다. 개인이 디지털 공간에 나만의 플랫폼 공간을 가지는 1인플랫폼 시대입니다. 1인플랫폼은 미래를 준비하는 가장 확실한 방법입니다.

둘째, 1인플랫폼은 현실적으로 평생의 사업을 시작하는 방법입니다. 나는 세계적인 플랫포머들을 연구했습니다. 그들도 처음에 작게 시작했습니다. 나도 작게 1인플랫폼으로 시작했습니다.

셋째, 1인플랫폼은 내 과거의 경험과 재능을 활용합니다.

나는 과거에 돈 걱정이 많았습니다. 먹고사는 문제가 늘 머릿속에 맴돌았습니다. 내가 내 생활을 꾸려야 했기 때문입니다. 하지만 지금은 내가 과거에 경험한 내 스토리, 내가 얻은 깨달음을 이렇게 책으로 쓰며 돈을 법니다. 내 책을 읽고 깨달음을 얻은 고객이 나를 찾아옵니다.

넷째, 1인플랫폼은 부정적인 사람을 차단합니다.

큰 성공을 이루기 위해 부정적인 생각에 빠지게 만드는 사람과 함께 할 시간이 없습니다. 나는 평범하게 먹고사는 문제를 걱정하며 평생 사는 인생이 싫었습니다. 그래서 평범함을 거부했습니다.

부정적이고 안 되는 이유를 찾고 결단력이 없는 사람도 차단합니다. 나는 내 꿈을 향해 달려가기도 바쁘기 때문입니다.

다섯째, 1인플랫폼은 럭셔리의 세계입니다.

내가 1인플랫포머가 되고 내가 가고 싶었던 베이징의 플랫포머들이 모여 있는 처쿠카페에 여행을 갔습니다. 여행을 간 순간에도 내 1인플랫폼은 간단하게 하루 10분만으로 운영되었습니다.

내 안에서 이미 다 이루어졌다. 내 모든 미래도.

나는 매일 꿈을 꾸게 되었습니다. 벤츠 오픈카를 타고 드라이브하는 꿈, 미국 실리콘밸리와 몰디브 바닷가를 여행하는 꿈, 세계적인 플랫포머가 되어 회사를 거래하고 연결하는 꿈, 꿈을 다 나열하면 한 권의 책으로도 쓸 수 있을 정도입니다.

나는 이제 내가 제품을 만들어 내 온라인 매장에서 팝니다. 제품 하나를 팔아도 순이익율이 100%다 보니 이전보다 수입이 늘었습니다. 나는 내가 만들어 낸 가치만큼 돈을 법니다. 이제 노동하는 시간만큼 버는 세계는 졸업했습니다.

지금은 훨씬 건강해졌습니다. 직장에 다닐 때는 허겁지겁 밥을 먹었습니다. 하지만 이제는 출근도 퇴근도 없으니 여유롭게 건강한 음식을 먹습니다. 잠도 푹 자게 되었습니다. 산책도 내가 원하는 만큼 마음껏 합니다. 평일이어도 내가 웨이크 보드를 타고 싶은 날엔 한강으로 가서 웨이크 보드를 타고 옵니다.

스스로에게 주도권이 있는 삶은 행복하다

당신은 스스로 인생을 다스립니까?

나는 내 인생을 다스립니다. 나는 1인플랫포머이기 때문에 인간관계 때문에 스트레스 받지 않습니다. 내가 꼭 필요한 만남만 합니다. 내가 일하는 것도 내 책, 내 플랫폼, 내 미디어같이 모든 것들이 나를 위한 일입니다.

"최서준 회장님, 얼굴이 이전보다 훨씬 밝고 좋아 보입니다."

"네, 요즘은 책이 대신 제 고객을 모아 주고 책이 대신 상담을 해주기 때문에 책 쓰는 재미에 빠져 있습니다. 제 깨달음을 책에 담아 두면 책이 전국과 세계를 다니며 내 꿈을 이루어 줍니다."

"와, 어떻게 그럴 수 있나요?"

"저는 1인플랫폼으로 내 인생의 행복을 깨닫게 되었습니다. 저는 디지털 공간에 내가 만들어 둔 플랫폼에서 수익이 날 때 가장 행복합니다. 세계를 다니며 플랫포머의 더 큰 꿈을 꿀 때 행복합니다. 내가 행복한 삶을 알기에 그 삶을 위해 살아갑니다."

나는 부정적인 말을 하는 사람은 바로 휴대폰에서 차단합니다. 철저하게 차단합니다. 나는 건강하지 않은 음식은 입에 대지 않습니다. 시간을 갉아먹는 시간 도둑을 철저하게 다스립니다. 나는 한 번뿐인 소중한 내 인생을 위해 살아갑니다.

당신은 어떻습니까? 진정 당신 인생의 주인공으로 살아가고 있습니까? 새로운 결단으로 내 안의 재능을 꺼내십시오.

1인브랜딩으로 벤츠를 타라. 제 35 장 - 최서준
1인브랜딩 9가지 아이템은 당신 안에 있다

당신은 어떤 아이템으로 사업을 시작해야 될지 막막합니까?

1인브랜딩을 어떤 이름으로 해야 될지 잘 와 닿지 않습니까? 나는 1인브랜딩을 깨닫는 천재적인 원리를 정립했습니다.

첫째, 1인브랜딩은 이미 당신 안에 있다.
둘째, 그 재능을 책을 쓰면서 끄집어내고 계발하라.
셋째, 당신이 그룹을 세워서 하고 싶은 브랜딩을 모두 시작하라.
넷째, 최서준의 1인브랜딩 원리로 크게 성공하라.
다섯째, 평생 결단 마인드로 시작하고 결과를 만들라.

나 역시 어떤 이름으로 나를 브랜딩 해야 될지 참 많은 고민을 했습니다. 하지만 어떤 이름으로 연구소를 만들어야 될지 연구소 이름 짓느라 몇 년의 시간이 걸렸습니다.

'온라인 마케팅 연구소, 플랫폼 마케팅 연구소' 여러 가지 연구소 이름을 떠올려 봤지만 획기적으로 내 마음에 와 닿지가 않았습니다. 난 성령님께 지혜를 구했습니다.

'사람들이 밤을 새워서 고민하는 문제가 뭘까?'

'나는 어떻게 해야 내 브랜딩을 확고하게 할 수 있을까?'

하지만 난 계속해서 고민만 하면서 결단을 미뤘습니다. 3년 전, 4년 전 그런 이름이 떠올랐을 때 바로 시작했다면 내 삶의 세월을 더 아낄 수 있었을 것입니다.

멘토를 만나라. 당신도 최서준을 만나면 바로 시작하게 된다

당신에게는 시작하게 도와 줄 멘토가 있습니까? 내겐 멘토가 있습니다. 멘토를 만나 내 1인브랜딩을 시작하게 되었고 지속하게 되었고 평생 하게 되었습니다.

당신도 그런 멘토를 찾고 있습니까? 난 멘토를 만나 내 책을 써 내기 시작했습니다. 내 안에 있는 것, 가진 것을 끄집어내서 강연을 하기 시작했습니다. 내가 가지고 있는 것을 끄집어내서 1인플랫폼을 시작했습니다.

난 내가 가진 것을 끄집어내 온라인 특강 영상을 만들었습니다.

내 제품을 만들고 내 강연을 천재적으로 하기 시작했습니다. 기름 부음이 터져 나왔습니다. 내가 가진 것을 눈에 보이는 결과물로 만들어 냈습니다. 당신은 어떻게 당신을 표현하고 있습니까?

당신 안에 이미 가진 것이 있습니다. 당신이 가진 것을 끄집어 내주는 천재 코치를 만나십시오. 그것을 끄집어내는 순간 당신의 잠재력이 계발되고 당신이 가진 것으로 제품을 만들어서 혼자 팔게 되는 천재적인 사업을 하게 됩니다.

당신 안에 있는 재능을 끄집어내십시오.
당신 안에 있는 꿈이 있습니다.
당신 안에 있는 지혜가 있습니다.
당신이 가지고 있는 해결책이 있습니다.
당신이 가지고 있는 경험이 있습니다.
당신이 고객에게 줄 수 있는 도움이 있습니다.

내일로 미루지 말고 지금 휴대폰을 들고 010.4049.2009로 문자를 보내십시오.

"최서준 작가님, 저도 1인브랜딩으로 평생 고객이 나를 찾아오게 하고 싶습니다. 꿈과 소원을 이루고 싶습니다. 제 위치를 바꾸고 싶습니다. 1대1 특강을 참석하고 싶습니다."

내 가치를 표현하는 1인플랫폼 매장을 가지라

당신은 1인브랜딩으로 크게 성공하는 비결을 알고 있습니까? 나는 알고 있습니다. 내 인생이 1인브랜딩으로 인생역전했기 때문입니다. 1인브랜딩을 하는 목적이 무엇일까요?

브랜드를 명예롭게 하기 위해서, 그냥 명예직으로 갖고 있는 것입니까? 아닙니다. 우리는 플랫포머이기 때문에 브랜드를 구축해서 돈으로 바꾸어야 합니다. 내 잠재 고객을 모아서 고객이 내 제품을 사도록 만들어야 합니다. 그러려면 무엇이 있어야 할까요?

바로 매장입니다. 1인브랜딩을 했으면 이제 내 매장을 차려야 하지 않겠습니까? 플랫폼 공간으로 만드는 단계입니다. 그것이 1인브랜딩의 두 번째 원리입니다.

난 어떻게 단기간에 위치를 바꾸고 많은 것을 이루었을까요?

첫 번째로 나는 내 스스로 1인브랜딩을 정의했습니다. 1인플랫폼연구소에서는 내가 어떤 일을 하는지, 내 고객에게 어떤 도움을 줄 수 있는지 명쾌하게 1인브랜딩을 정의했습니다.

그 다음 매장을 만들었습니다. 내 매장에서는 내가 고객에게 어떤 도움을 줄 수 있는지 세상에 알립니다. 내 도움이 필요한 고객이 점점 모입니다. 그 공간이 내 1인플랫폼입니다.

사업을 하려면 매장, 혹은 사무실이 있어야 하지 않습니까?

난 이 플랫폼 공간의 중요성을 아주 절실히 느꼈습니다. 난 내 1인플랫폼 공간을 내 분신처럼 소중하게 여깁니다. 내 카페에 가입한 회원을 등급별로 관리하고 내 제품을 진열합니다.

때로는 이벤트를 통해서 고객에게 혜택을 줍니다. 매일 내가 어떤 활동을 하는지 활동사진을 올립니다. 내 고객과 상담하는 사진을 통해서 신뢰를 표현합니다.

내 지속적인 활동을 보고 도움을 받고 싶은 고객은 내 특강에 참석합니다. 이것이 수익화입니다. 1인브랜딩을 통해서 당신이 원하는 것이 무엇입니까?

사업가는 돈을 거두는 사람입니다. 결국 큰돈은 내 매장 즉 카페 플랫폼에서 나옵니다. 정말 큰돈이 내 매장인 네이버 카페에서 나온다면 매장을 소중히 여기고 매장을 체계적으로 구축해야 되지 않겠습니까?

1인브랜딩의 원리 두 번째, 이 플랫폼 공간의 중요성을 깨닫고 당신도 플랫폼 공간을 구축하십시오. 내 고객을 만나는 1인플랫폼 공간이 1인브랜딩 성공비결입니다.

1인브랜딩 하면 내 책을 읽은 마니아 고객이 찾아온다

당신은 지속적으로 돈을 버는 비결을 알고 있습니까?

그것은 바로 고액 고객을 계속 만나는 것입니다. 나는 사업을 시작하고 나서도 어떻게 하면 내가 안전한 성공의 길을 갈 수 있을까 많은 고민을 했습니다. 그리고 마침내 답을 찾았습니다.

내 고액 고객, 내 진짜 고객, 내 마니아 고객을 계속 만나는 것, 그리고 그들이 진정으로 성공할 수 있게 도와주는 것이었습니다.

생각해보십시오. 당신이 고객을 오늘 한 명 만났습니다. 그런데 내일은 만날 고객이 없습니다. 그럼 어떻게 될까요?

영업을 하든 사업을 하든 계속 지속될 수가 없을 것입니다. 나는 잠재 고객을 계속 모읍니다. 내 페이스북을 통해서, 강연 플랫폼인 온오프믹스를 통해서, 내 카카오스토리를 통해서, 내가 쓴 책을 통해서, 또 유튜브를 보고 오는 사람도 있습니다.

여러 가지 채널을 통해서 내 잠재 고객이 계속 모이고 있습니다. 특히 그 중에서도 내 책을 읽고 온 독자들은 나에 대한 믿음이 아주 큽니다. 책은 신뢰와 믿음의 끝이기 때문입니다.

만약 당신에게 고액 제품을 문의하는 고객이 계속 찾아오면 어떻게 될까요? 당신의 사업은 계속해서 크게 성공할 것입니다.

당신은 깨달았습니까?

당신의 제품을 구매할 수 있는 고객, 당신이 만나고 싶은 고객은 어떤 고객입니까?

내 가치를 1인브랜딩으로 당당하게 표현하십시오. 내가 고객에게 줄 수 있는 도움을 표현하십시오. 고객은 당신의 가치를 깨닫고 스스로 찾아오게 될 것입니다.

1인브랜딩으로 벤츠를 타라. 제 36 장 – 최서준
내 가치를 올리는 1인브랜딩 시스템을 가지라

당신은 당신의 가치를 높여주는 시스템을 갖고 있습니까?

난 내 가치를 높여주는 1인브랜딩 시스템을 가졌습니다. 난 지속적으로 책으로 날 브랜딩합니다. 1인플랫폼으로 날 브랜딩합니다. 난 좋은 것은 내가 가집니다. 그게 좋지 않습니까?

난 나는 책을 써내고 한방에 작가의 위치, 코치의 위치, 믿음을 주는 위치, 고객이 스스로 찾아오는 위치, 인정받는 위치가 되었습니다. "최서준 작가님의 1인플랫폼 마케팅 책을 읽고 큰 도전을 받았습니다." 책을 쓰고 나니 독자들이 나를 찾아왔습니다.

"최서준 회장님, 혹시 강연을 해주실 수 있나요?" 책을 쓰고 나니 어떤 단체에서 강연 초청이 왔습니다.

나는 그때 깨달았습니다. 내가 직장인에서 1인사업가로, 독자에서 작가로, 청중에서 강연가로 내 위치를 바꾸면 내 인생이 바뀐다는 것을 말입니다.

인생은 참 쉽다. 끝에서 시작하면 된다

당신은 성공하면 그때 책을 쓰려고 합니까?
난 책부터 썼습니다.
당신은 성공하면 그때 여행에 가려고 합니까?
난 먼저 여행을 가서 휴식부터 취했습니다.
당신은 성공하면 그때 특급호텔에 가려고 합니까?
난 특급호텔에 가서 커피 한잔의 깨달음부터 얻었습니다.
당신은 성공하면 그때 1인플랫폼을 가지려고 합니까?
난 1인플랫폼부터 세우고 나를 세상에 알렸습니다.

난 미루지 않았습니다. 내가 책부터 쓰니 고객이 날 찾아왔습니다. 내가 여행을 가니 푹 쉬니 천재적인 행동력이 생겼습니다. 내가 특급호텔에 가니 럭셔리한 행동만 하게 되었습니다. 내가 1인플랫폼을 세우니 세상이 나를 한 분야의 전문가로 인정했습니다.
인생의 성공 비결은 아주 간단했습니다. 그 비결은 성공의 끝에서부터 시작하는 것입니다. 처음부터 책을 쓰고, 강연을 하고, 1인사업가로 시작하는 것입니다. 그러면 참 쉽습니다.
내가 책을 쓰기 전에는 사람들을 만나서 설득하고 믿음을 강하게 줘야 했습니다. 하지만 이제는 그럴 필요가 없습니다. 내 책을 읽고 온 내 독자들은 나에 대한 믿음을 가진 채 오기 때문입니다.

책을 쓰기 전에는 나와 함께 책을 쓰고 1인플랫폼의 길을 가자고 해도 그 중 소수만이 내 가치를 인정했습니다. 하지만 이제는 처음부터 나를 믿는 고객들만 만나고 있습니다.

이제는 믿음을 구걸하지 않습니다. 나는 책을 쓰면서 내 안에 확고함이 더 차오르고 있습니다.

럭셔리 1인플랫폼은 책으로 시작된다

1인플랫폼은 내가 가지고 있는 것으로 제품을 만들어 파는 천재적인 공간입니다. 나는 내가 가진 것을 끄집어내어 내 제품에 내가 가격표를 붙이고 팝니다.

나는 깨닫는 책쓰기를 통해 내가 가진 것을 깨닫게 되었습니다. 나는 책을 쓰면서 내 고객이 가진 것을 깨닫게 되었습니다. 나는 책 한권을 통해 세계적인 꿈을 펼칠 내 미래를 깨닫게 되었습니다.

크게 성공하는 1인플랫포머는 책부터 쓰고 사업을 시작합니다. 그러면 내가 가진 것을 깨닫게 되고 가진 것을 제품을 만들 수 있습니다. 자신이 진정 원하는 것을 알게 됩니다.

"나는 1인브랜딩으로 내가 원하는 위치에 서 있습니다.
나는 1인플랫폼으로 내가 만든 럭셔리 제품을 만들어 팝니다.

나는 내 진짜 고객, 마니아 고객을 만나 럭셔리 코칭을 합니다.
나는 내 책을 읽고 내게 오는 고객들이 성공하도록 돕습니다.
그들이 성공할수록 나는 더 크게 성공합니다.
나는 내 고객을 책임지는 사람입니다.
나는 내 고객인 최서준 패밀리가 성공할 수 있게 끝까지 돕습니다.
나는 책임 마인드를 가지고 나서부터 더 행복해졌습니다.
더 홀가분해졌습니다. 내 마음이 담대해졌습니다.
나는 나를 만난 사람들이 더 크게 성공하도록 돕는 사람입니다."

1인플랫폼은 내가 가진 재능으로 시작한다

당신은 스스로 가진 아이템이 없다고 생각합니까?

나는 내가 가진 게 없다고 생각했습니다. 그래서 뭔가를 해야 하긴 하는데 어떤 1인플랫폼을 해야 할지 잘 몰랐습니다. 막연했습니다. 하지만 나는 1인플랫폼을 너무나 하고 싶었습니다. 어떻게든 찾아보려고 했습니다. 내가 원하는 1인플랫폼은 내가 만들어야 했습니다.

그래서 나는 내가 할 수 있는 것부터 제품으로 만들어 팔기로 했습니다. 나는 '고객이 스스로 나를 찾아오는 1인플랫폼 비결'을 상품으로 만들어 사업을 하는 사람들에게 도움을 줬습니다.

나는 고객이 가지고 있는 문제를 도와주는 소책자를 만들었습니다. 쉽게 나를 찾아올 수 있도록 무료 상담을 열었습니다. 나는 이 간단한 1인플랫폼 수익화 구조를 내 스타일로 만들었습니다.

"최서준 대표님, 저는 부동산 사업을 하고 있는데 대표님의 도움이 필요합니다." 한 부동산 사업가는 내게 말했습니다.

나는 상대가 가진 재능을 끄집어냅니다. 그러면 고객이 열광합니다. 천재적인 비결을 얻고 싶어서 몰려듭니다.

천재적인 재능을 끄집어내는 게 플랫폼이다

내 꿈을 1인플랫폼으로 만들면 크게 성공합니다.
내 재능을 1인플랫폼으로 만들면 크게 성공합니다.
내 생각을 1인플랫폼으로 만들면 크게 성공합니다.
내 경험을 1인플랫폼으로 만들면 크게 성공합니다.
내 기술을 1인플랫폼으로 만들면 크게 성공합니다.
내 지식을 1인플랫폼으로 만들면 크게 성공합니다.
내 지혜를 1인플랫폼으로 만들면 크게 성공합니다.
내 믿음을 1인플랫폼으로 만들면 크게 성공합니다.
내 도움을 1인플랫폼으로 만들면 크게 성공합니다.

나는 이만큼 많은 재능을 가졌다는 것을 깨달았습니다. 내 안에 지식을 집어넣는 건 돈을 쓰는 행동입니다. 하지만 내 안에 있는 재능을 깨달으면 돈을 버는 행동입니다.

당신은 여기저기 돌아다니며 계속 지식을 집어넣습니까? 내가 가진 지혜를 책을 쓰며 끄집어냅니까?

나는 내 안에 있는 플랫포머라는 꿈
내가 가진 플랫포머의 재능
내가 가지고 있는 천재적인 생각
내가 과거에 경험한 것
내가 가진 플랫포머가 되는 지식
내가 가진 천재적인 지혜
내 안의 확고한 믿음

사람을 도와주려는 도움까지 이미 내 안에 다 있었습니다.

당신 역시 가지고 있는 것은 너무나 많습니다. 그동안 끄집어낼 생각을 하지 못한 것입니다. 끄집어내는 깨달음을 주는 사람이 없었던 것입니다. 돈을 번다는 것은 내가 가진 것을 끄집어내 돈을 버는 행동을 하는 것입니다.

1인브랜딩으로 벤츠를 타라. 제 37 장 - 최서준
나는 내 꿈을 주제로 플랫포머가 되었다

당신은 평생의 꿈이 있습니까?

나에게 플랫포머가 되는 것은 내 평생의 꿈이었습니다. 집 차고에서 컴퓨터 한 대로 시작해 세계적인 플랫폼 기업이 된 애플, 아마존, 우버, 에어비앤비 같은 회사들이 내 꿈이었습니다. 그런 회사들을 거래하는 것이 내 꿈이었습니다.

나 역시 작게 시작했습니다. 네이버 카페에 내 이름을 걸고 '1인 플랫폼연구소'라는 카페를 작게 시작하며 사업하는 사람들을 코칭하고 돕는 일을 시작했습니다.

사업자들이 잠재 고객을 모을 수 있도록 무료 전략, 소책자 전략, 플랫폼 전략을 알려주고 직접 1대1로 적용해 주기도 했습니다. 나는 내가 아는 깨달음이 다른 사람의 사업을 더 잘되게 돕고 한 사람의 삶을 가치 있게 한다는 것을 알았습니다.

나는 한 사람의 세월을 벌게 해줍니다. 내가 알고 있는 깨달음 하나로 한 사람의 인생을 완전히 바꿔 놓습니다.

나는 내 꿈을 1인플랫폼으로 만듭니다.
나는 내 꿈을 책으로 만듭니다.
나는 내 꿈을 강연으로 만듭니다.
나는 내 꿈을 DVD교재로 만듭니다.
나는 내 꿈을 1인사업으로 직접 합니다.

꿈이 없는 사람이 꿈을 가지게 된다면 그 가치는 얼마나 클까요? 꿈이 없어서 원치 않는 삶, 하기 싫은 일, 무미건조한 삶, 감동이 없는 삶을 사는 사람이 꿈을 가지면 어떻게 될까요?

한 순간에 그 사람의 인생이 바뀝니다. 꿈이 있으면 인생이 완전히 달라집니다. 인생은 꿈대로 되기 때문입니다. 당신도 꿈이 있으면 그것을 현실로 만들 수 있는 1인플랫폼을 하십시오. 다른 사람을 마음껏 도와주면서 나도 크게 성공합니다.

1인브랜딩으로 벤츠를 타라. 제 38 장 – 최서준
나는 내 경험을 주제로 플랫포머가 되었다

　나는 책을 쓰면서 내가 그동안 해온 경험의 가치를 깨달습니다.
　나는 억만장자 도널드 트럼프를 보며 생각을 억만 배나 크게 했습니다. 나는 통장 잔고 8만 원에서 단기간에 1인플랫포머로 성공하는 길을 걷고 있습니다.
　나는 단칸방 살 때도 미래를 꿈꾸고 플랫포머가 될 꿈을 갖고 연구했습니다. 나는 직장에서도 자기 계발을 게을리 하지 않았습니다. 나는 내 평생의 꿈인 책을 쓰는 작가의 길을 걷고 있습니다.
　내가 해온 모든 경험은 내 것입니다. 나는 경험을 통해 성공과 실패의 길을 깨닫고 지금은 성공의 길을 선택했습니다. 나는 내가 실패까지 다 경험해 보기는 싫습니다. 인생은 세월이 너무나도 소중하기 때문입니다.

그래서 나는 내가 원하는 것을 먼저 경험하고 얻은 멘토의 깨달음에 가치를 지불하고 내 것으로 만듭니다. 시간은 돈으로 살 수 없는 가장 소중한 것입니다.

당신 역시 평범한 인생을 살다가 당신이 가야 할 길이라도 깨닫게 된다면 막힌 가슴이 확 뚫리지 않겠습니까?

인생은 세월을 버는 것이 가장 시급합니다. 세월을 버는 것이 가장 지혜로운 투자입니다. 나는 앞으로도 내 세월을 아끼고 내 꿈을 백배, 천배 크게 이루는 길을 갈 것입니다.

1인브랜딩으로 벤츠를 타라. 제 39 장 - 최서준

나는 내 기술을 주제로 1인플랫폼을 만든다

　나는 내가 가지고 있는 노하우와 기술에 가치를 부여합니다. 국문학과 박사 학위를 받으면 국문학에 있어선 전문가입니다. 하지만 온라인 마케팅은 어떨까요? 1인플랫폼 마케팅은 내가 더 전문가입니다. 책플랫폼에 있어서는 내가 더 전문가입니다.

　나는 내가 할 줄 아는 것, 고객에게 해줄 수 있는 것을 가지고 제품으로 만들어 파는 1인플랫폼을 합니다. 나를 만난 고객도 자신의 이름과 얼굴이 박힌 1인플랫폼 공간을 가지게 되었습니다. 인생에서 수십 년의 세월을 번 것입니다.

　그 가치는 얼마나 될까요? 나는 기술만 알려주고 끝내지 않습니다. 그 기술로 내 꿈을 실현시키고 활용할 줄 아는 지혜가 더 가치 있기 때문입니다. 나는 기술을 활용하는 방법까지 알려줍니다. 그래서 내 코칭과 내 제품은 가치가 큽니다.

나는 지식과 기술만 쌓는 수많은 사람들을 봤습니다. 계속해서 배우기만 합니다. 어떻게 활용해야 할지 모릅니다. 그래서 돈은 돈대로 쓰고 시간은 시간대로 씁니다. 우리가 원하는 건 지식이 아니라 지혜입니다. 활용할 줄 아는 것이 지혜입니다.

기술과 지식만 있으면 스펙의 길을 갑니다. 직장인의 길을 갑니다. 자유롭지 못한 길입니다. 기술도 중요합니다. 지식도 중요합니다. 하지만 내 인생을 바꾸는 것은 지혜입니다.

나는 지혜를 가장 소중히 여깁니다. 당신은 지혜로운 사람입니까? 크게 성공하는 1인사업가는 지혜로운 사람입니다.

1인브랜딩으로 벤츠를 타라. 제 40 장 - 최서준
난 '돈을 벌 수 있는 능력'에 투자했다

당신은 지금 돈을 어떤 방식으로 벌고 있습니까?

나는 1인브랜딩을 구축하고 내가 가진 플랫폼에서 나오는 몇 가지 수익 구조가 있습니다. 난 이 수익 구조를 1년도 안 되는 단기간에 만들어 냈습니다.

꼭 직장을 다녀야만 돈을 벌 수 있을까요?

아닙니다. 직장은 돈을 버는 수많은 방법 중 하나일 뿐입니다. 대부분의 사람들은 그 한 가지 방법만을 위해 인생을 삽니다. 하지만 난 돈을 버는 다양한 파이프라인을 구축하고 있습니다.

1인브랜딩이 구축되면 당신의 삶이 어떻게 변할까요?

가장 먼저 어떤 분야의 전문가로 브랜딩이 되어 당신의 몸값이 올라갑니다. 책 인세, 강연, 상담, 컨설팅, 코칭, 온라인 강좌 등 다양한 수입원을 만들 수 있습니다. 당신의 가치가 올라갔기 때문입니다. 당신은 깨달았습니까?

돈이 들어오는 파이프라인을 많이 구축하는 것이 평생의 돈 걱정에서 벗어나는 비결입니다. 당신도 나를 만나면 단기간에 돈을 버는 패러다임이 바뀔 것입니다.

1년 전과 완전 다른 사람으로 태어나다

당신은 호텔에서 일해본 적이 있습니까?
난 일을 하며 문득 이런 생각이 들었습니다.
'도대체 어떤 사람들이 한 끼에 6만 원짜리 밥을 먹을까?'
하루 일해서 겨우 6만 원을 벌던 내 머릿속에 문득 든 생각입니다. 거기에 온 사람들은 굉장히 화목해 보였습니다. 어떤 테이블은 노부부가 함께 왔고 어떤 테이블은 5살 정도 되어 보이는 아들과 함께 온 가족도 있었습니다. 나는 머릿속에서 계산이 되었습니다.
'한 끼에 6만 원이라면 세 가족이면 한 끼에 18만 원을 내고 먹는 거잖아? 도무지 한 끼에 18만 원을 내는 사람들은 어떤 사람들인지 그려지지가 않아'
더 이해가 안 되는 것은 뭐였는지 압니까?
시급 6,500원에 내가 하루 동안 일한 8시간을 곱해도 그 호텔 뷔페 한 끼를 못 먹는다는 거였습니다. 나는 설날 특집으로 쉬는 날에도 어떻게든 돈을 벌려고 일을 했습니다. 그런데 하루 종일 정해진 일을 해도 뷔페 한 끼를 못 먹는 상황이었던 것입니다. 그야말로 그림의 떡이었습니다.

물론 5만 원, 6만 원이 있다고 해서 내가 먹을 수도 없었습니다. 그걸로 나는 생계를 꾸려야 했기 때문입니다. 그날 일을 하다가 이런 생각이 들었습니다.

'도저히 한번에 50개, 100개씩 되는 그릇을 계속 나르다간 몸살이 날 것 같아.'

난 단축 근무를 하게 되었고 그 날은 4시간, 5시간 일을 하고 오전 근무를 끝낸 채 나왔습니다. 새벽 5시에 일어나 일을 시작하느라 몸도 고되었습니다. 나오는 길 내내 나는 이런 생각이 들었습니다. '내가 8시간을 다 일한다면 결국 5만 원을 벌 거야. 하지만 이러다간 몸살이 나서 결국에는 병원비로 다 나갈 것 같아'

그 날 난 3만 원 정도 벌었습니다. 집으로 터벅터벅 걸어오는 길에 이런 생각이 들었습니다. '이 길의 끝은 어디일까? 도저히 미래가 그려지지 않아' 당시에도 플랫폼이란 건 알았지만 상황이 상황인 만큼 나는 미래가 너무나도 암울하고 막막했습니다.

"막막한 현실이었습니다.
하지만 난 내겐 억만장자 플랫포머의 신념이 있었습니다.
난 내 1인브랜딩을 시작하게 되었습니다.
난 내 1인브랜딩을 지속하게 되었습니다.

난 내 1인브랜딩을 평생하게 되었습니다.
1인브랜딩에 투자했더니 내가 어떤 일을 하든
고객에게 존중받으며 고객이 스스로 찾아오게 되었습니다.
평생의 고민이 사라졌습니다.
내게 이 능력 하나만 있다면 평생 먹고 사는 문제는 없을 것입니다."

1인브랜딩으로 벤츠를 타라. 제 41 장 – 최서준
한번뿐인 내 인생에 과감하게 투자하라

당신은 자신의 가치를 높이기 위해 얼마나 투자하고 있습니까?

나는 지금까지 버는 돈의 90%를 내 미래에 투자했습니다. 어떤 노하우를 배우는 강의에 많이 썼습니다. 그것이 곧 내 삶을 부요하게 만들 것이기 때문입니다.

그 중에는 온라인 마케팅 강의도 있었습니다. 페이스북 마케팅 강의도 있었습니다. 어플리케이션을 만들어서 자동화 수익을 얻는 강의도 있었습니다. 카페 마케팅으로 회원을 모으는 강의도 있었습니다.

난 그렇게 강의를 계속 듣다가 어느 순간 깨달았습니다. '그건 그 사람의 경험이고 그 사람의 스토리야. 나에게 필요한 1인브랜

딩, 나를 성공시켜주는 1인브랜딩 원리를 스스로 정립하자'

그렇게 내 스스로 정립한 원리가 이 책에 담겨 있습니다. 이 원리를 당신도 깨닫는다면 당신도 이제는 고민을 멈추게 됩니다. 정말 시작하게 됩니다. 내가 그랬기 때문입니다.

난 내 가치를 올리는 데 모든 것을 걸었습니다. 다른 곳에는 돈을 거의 쓰지 않습니다. 적금, 보험, 주식 이것이 최고의 투자일까요? 아닙니다. 내 미래에 투자하는 것이 결국 더 큰돈으로 돌아옵니다. 나는 지금도 내 자신에게 쓰는 돈은 아깝지 않습니다.

당신은 나 자신에게 어떤 투자를 하고 있는가

첫째, 나는 내 건강을 위해서 가장 좋은 음식을 먹습니다. 나는 내 몸에 투자를 합니다. 내가 움직이는 기업이기 때문입니다. 나는 내 건강을 위해서 투자 합니다. 당신은 지금 당신의 몸과 건강을 위해서 얼마나 투자하고 있습니까?

둘째, 나는 내 노하우와 내 지혜를 위해서 투자합니다. 내가 지금까지 책을 쓸 수 있었던 것도 내게 천재적인 지혜를 주는 코치가 있었기 때문입니다.

난 배움을 위해 많은 돈을 투자했습니다. 하지만 내 인생의 가치에 비하면 아무 것도 아닌 돈입니다. 그 돈이 있다고 해서 집 보증금으로 쓰겠습니까? 그 돈으로 차를 사겠습니까?

나는 평생 책 백 권을 쓸 수 있는 능력을 가지게 되었습니다. 나는 내 인생을 위해서 쓴 돈은 하나도 아깝지 않다고 생각합니다. 당신은 어떻게 생각합니까? 당신도 당신의 삶에 아낌없이 투자하면 그 투자가 당신의 브랜드, 당신의 책, 당신의 플랫폼이라는 결과로 다가오지 않겠습니까?

셋째, 나는 내 미래를 위해서 아낌없이 결단하고 나아갑니다. 내게 찾아온 많은 사람들은 내가 성공하는 길, 1인브랜드로 플랫폼을 구축하는 길, 부유해지는 길을 말했을 때 그들은 내게 이런 말을 남겼습니다.

"최서준 회장님, 정말 좋은 것 같습니다. 그 길을 조금 더 생각해보고 말씀드리겠습니다." 그들은 내가 길을 알려줬을 때 "생각해 보겠습니다"라는 말을 남긴 채 결단을 미루었습니다.

인생을 바꾸는 기회는 딱 한번이다. 바로 오늘.

난 그들과 달랐습니다. 결단하고 과감히 나아갔습니다. 그것이 내가 성공하는 길, 최고의 투자인 길, 나 자신의 삶에 투자하는 길이기 때문입니다.

난 이제 내 스스로 제품을 만들 수 있습니다. 내 스스로 제품을 팔 수 있습니다. 내 스스로 강연도 할 수 있습니다. 내 스스로 나를 브랜딩 할 수 있습니다. 책도 마음껏 써낼 수 있습니다.

내가 내 스스로 할 수 있는 노하우와 능력에 투자하니 난 내 제품을 스스로 만들어 스스로 팔 수 있게 되었습니다. 이제는 최고의 결과물을 하나씩 보고 있습니다. 당신이 보고 있는 이 책 한 권도 나를 브랜딩하기 위한 수년간의 내 고뇌와 연구 끝에 나온 결과물입니다.

너무나도 감사합니다. 이 깨달음, 지혜, 그리고 이 천재적인 나만의 노하우를 내 독자와 고객에게 전해 줄 수 있게 된 것이 너무나도 감사하고 또 감사합니다.

당신은 지금 당신 자신에게 얼마나 돈을 쓰고 있습니까?

혹시 당신의 매장, 인테리어, 자동차, 집 보증금을 위해서는 돈을 쓰면서도 당신 자신을 위해서는 궁상떨고 있진 않습니까?

당신 자신에게 쓰는 돈이 가장 가치 있는 돈입니다. 당신의 미래에 시간과 노력을 아낌없이 투자하십시오.

1인브랜딩으로 벤츠를 타라. 제 42 장 – 최서준
왜 쉬지 않고 일해도 항상 가난할까

당신은 돈 버는 IQ를 높이고 있습니까?

난 매일 책을 쓰며 돈 버는 IQ를 스스로 높입니다. 난 돈버는 IQ를 높이고 나서 '아, 내가 직장에서 150만 원, 200만 원 벌었던 건 방법 중에 하나일 뿐이구나. 내가 아르바이트를 해서 번다는 것, 내가 자영업을 해서 번다는 것, 이건 돈을 버는 방법 중에 하나구나. 내가 여기에 목매달 필요는 없겠구나' 깨달았습니다.

그 중에 가장 현실적이고 내 재능이 있던 온라인 능력을 살리는 길이 1인플랫폼이었습니다. '디지털 공간에 나만의 플랫폼을 만들어서 수익이 매일, 매달 나오는 것' 이 방법은 내가 꿈꾸던 것이었습니다. 지금은 정말 그렇게 되었습니다.

당신은 돈을 버는 방법 중 몇 가지나 알고 있습니까?

여러 가지를 알고는 있는데 정작 현실에 안주하고 있진 않습니까? 나 역시 그랬습니다. 계속 생각만 많았습니다. '언젠가는 나도 그렇게 될 거야' 하고 말입니다.

직장을 다니면서 생활이 가능할 만큼은 벌 수 있었습니다. 겨우 입에 풀칠은 할 수 있었습니다. 하지만 미래가 없었습니다. 50세, 60세가 되면 언젠가는 나와야 할 곳이었습니다.

내가 다녔던 곳들은 오래 다닐 수 있는 직장도 아니었었습니다. 난 살기 위해서 돈을 버는 방법과 길을 알고자 절박하게 움직였습니다. 그 결과 난 길을 찾았습니다. 1인플랫폼의 길 말입니다.

당신은 돈을 벌기 위해 어떤 길을 가고 있습니까? 그 길에서 원하는 소득을 벌고 있습니까? 그 길은 10년, 20년 후에는 더 많이 벌 수 있는 길입니까? 끝이 있는 길은 아닙니까? 일이 힘들진 않습니까? 자유롭지도 않고 시간이 없는 길은 아닙니까?

만약 당신이 이 길을 가고 있다면 돈을 벌 수 있는 또 다른 통로를 열어 두십시오. 나 역시도 직장에 다니고 영업을 하면서 어떻게든 절박한 마음이었습니다. 난 이 돈 통로를 플랫폼으로 만들었고 지금은 플랫폼으로 돈을 벌고 있습니다.

당신도 한 갈래, 두 갈래, 세 갈래, 계속 돈을 여러 경로에서 1인 플랫폼 수익 자동화를 하십시오. 나와 함께 돈 버는 방법을 깨닫고 활용하면 다양한 파이프라인에서 수익화가 될 것입니다.

1인브랜딩으로 벤츠를 타라. 제 43 장 - 최서준

창조적인 부를 나타내는 삶을 살라

당신은 구글 창업자 래리 페이지를 압니까?

부자가 된 플랫포머들은 모두 나만의 돈 버는 시스템을 구축했습니다. 구글을 만든 창업자 래리 페이지는 학교를 다닐 때부터 자신만의 아이템으로 플랫폼을 만들어서 검색 사업에 뛰어 들었습니다. 계속 사람을 모았습니다. 지금은 여기에 광고를 달아서 수익을 많이 내고 있습니다.

'테슬라'라는 전기차를 만든 엘론 머스크도 자신이 하고 싶은 일, 잘하는 일을 플랫폼으로 만들었습니다. 전기차 사업도 하고 인터넷 결제 사업도 성공했습니다.

돈을 번 디지털 시대의 신흥 부호들은 자신만의 스스로 돈을 버는 능력을 길렀습니다. 대학을 다니다가 중퇴를 하거나 어떤 회사를 다니다가도 자기만의 돈 버는 시스템을 가졌기 때문에 젊은 나이에 굉장한 부를 얻은 것입니다.

당신과 나도 억만장자의 부를 얻어야 되지 않겠습니까?

그렇다면 남의 시스템에 의존하지 마십시오. 내 시스템을 만들고 내 시스템에서 부를 만들어 내야 합니다. 나 역시 그 길을 걷고 있습니다. 당신은 어떤 꿈을 갖고 있습니까?

그 꿈을 플랫폼으로 만드십시오.

돈은 1인브랜딩만 확실히 되면 얼마든지 벌 수 있다

당신은 돈에 대해서 어떻게 생각합니까?

난 '돈'이란 건 얼마든지 벌 수 있는 거라고 생각합니다. 내가 한 사람에게 도움을 주면 이 사람은 나에게 고맙다고 하면서 돈을 줄 것입니다.

상담, 특강, 영상, 책 인세 등 돈을 버는 방법은 얼마든지 만들 수 있습니다. 1인브랜딩으로 내 가치가 높아질수록 내 제품의 가격도 높아집니다. 날 찾아오는 고객도 더 많아집니다. 찾아오는 고객의 인식도 달라집니다. '이분은 이 분야에서 전문가같아'

당신은 깨달았습니까?

난 자본주의 사회에서 가장 중요한 '돈 버는 실력'과 '내 가치'를 높이는 것을 부지런히 합니다. 그것이 곧 실력입니다.

난 한 사람을 위해서 '어떤 실질적인 도움을 줄 수 있을까' 이 고민을 하고 그 사람을 도와주면 돈도 따라온단 것을 깨달았습니다.

창조적인 부를 나타내는 삶을 살라

당신은 창조적인 부를 나타내는 삶을 살고 있습니까?

난 창조적인 부를 내는 삶을 살고 있습니다. 예수님은 어딜 가나 부요와 창조적인 부를 나타냈습니다. 동방박사들로부터 엄청난 가격의 황금과 유향과 몰약을 예물로 받았습니다. 예수님은 몸값이 아주 높았습니다. 자신의 가치를 잘 아는 분이었습니다.

"최서준, 너는 아주 럭셔리하게 한번뿐인 삶을 최고로 누리고 마음껏 너의 재능을 펼쳐보아라"

나는 풍요와 평안, 행복을 다 누리고 있습니다. 그리고 이런 창조적인 부를 세상에 나타내며 성령님의 뜻을 마음껏 펼치고 있습니다.

당신은 어떤 삶을 원합니까? 좀 좋은 일이 있으면 얼굴에 웃음꽃이 피었다가 다시 안 좋은 일이 생기면 남 탓하고 원망하고 마음 안에 화가 가득한 삶입니까? 그건 아닐 것입니다.

당신도 스스로의 기분을 통제하고 다른 사람의 기분까지 좋은 영향을 미치는 사람이 되십시오.

첫째, 늘 내 안의 성령님의 지혜를 구하고 깨달음을 얻어라. 그러면 감정 기복이 없어지고 늘 감사함만 넘친다.

둘째, 다른 사람의 기분에도 좋은 영향을 미쳐라. 그들에게 답을 주고 막막함을 풀어줘라. 그러면 돈은 따라온다.

셋째, 백배나 더 강해져라. 남 탓하지 말고 내 안의 지혜를 구해 어떤 일이든 전화위복의 계기로 삼아라.

나는 내 안에 있는 창조적인 부를 깨닫고 그것을 나타내는 길을 갑니다. 그동안 힘든 일이 많았습니까? 그동안 죽을만큼 고생을 많이 했습니까? 그렇다면 축하합니다. 당신은 백배나 강인해져 이제는 온유한 사람이 되었습니다. 내 안의 지혜를 끄집어 내 풍요와 온유함이 가득한 삶을 사십시오.

1인브랜딩으로 벤츠를 타라. 제 44 장 – 최서준
안정적인 직장에 다니는 게 제일 두려운 일이다

이제 개인이 곧 플랫폼이 되는 1인플랫폼의 시대가 왔습니다.

당신 역시 무언가 준비해야 한단 생각이 있습니까? 막연히 살다가 이젠 필요성을 느끼는 중입니까? 난 사람들이 고민하는 그것에 대한 길과 방법, 생각을 알려 줍니다. 나 역시 그 고민 끝에서 새로운 삶을 찾았습니다. 그 길을 가고 있습니다.

첫 걸음은 두려울 수도 있습니다. 막연함도 많이 느낄 것입니다. 하지만 평범하게 직장 다니며 사는 게 더 두려운 일 아닙니까? 직장의 끝에선 또다시 먹고 살 걱정을 해야 합니다. 난 그런 삶이 싫었습니다. 난 결단하고 새로운 길을 갔습니다.

직장을 그만둬도 아무 일도 안 일어났습니다. 두려움은 모두 허상일 뿐이었습니다. 당신도 허상에서 벗어나 살아 있는 삶을 사십시오. 내게 그랬던 것처럼 말입니다.

이 모든 축복을 주신 성령님 감사합니다. 사랑합니다.

해도 해도 안되면 생각을 거꾸로 바꿔라

당신은 해도 해도 안된 적이 있습니까?
난 해도 해도 안되서 내 생각을 거꾸로 바꿨습니다.

'난 돈을 벌면 나중에 사업을 해야지'
그래서 어려웠습니다.
지금 사업을 하니 정말 쉽습니다.

'내가 나중에 유명해지면 그때 책을 써야지'
그래서 돈 걱정이 끊이질 않았습니다.
지금 책을 쓰는 게 정말 쉽습니다.

'지금 내가 해도 될까?'
안하고 가난하게 사는 게 더 힘든 일이었습니다.

'어떻게 시작하지?'
날 찾아오십시오. 특강에 참석하십시오. 그러면 길이 보입니다.

1인브랜딩으로 벤츠를 타라. 제 45 장 - 최서준

특급 호텔에 가지 않는 자와 부를 논하지 말라

당신은 행동하는 사람입니까?

"부를 얻고 싶다면 부의 씨앗을 뿌리세요."

나는 강연에서 늘 반복해서 이 말을 강조합니다.

'돈 걱정에서 벗어나고 싶고, 부를 얻고 싶다'고 말하면서, 행동으로는 옮기지 않는 자, 그와 어찌 부에 대해 논할 수 있겠습니까?

나는 행동하는 사람입니다. 단칸방에 살 때도 나는 주말마다 특급 호텔에 가서 티타임을 가졌습니다. 지금 내 모습도 물론 중요합니다. 하지만 내가 어디로 가는지가 더 중요합니다.

나는 삼성동 인터콘티넨탈 호텔, 삼성동 파크 하얏트 호텔, 여의도 콘래드 호텔 같은 특급 호텔에 가는 시간을 즐깁니다. 그 시간 동안 커피 한잔과 함께 나의 미래를 그립니다.

"오랫동안 꿈을 그리는 사람은 마침내 그 꿈을 닮아 간다"고 한 앙드레 말로의 말처럼 정말 지금은 똑같은 장소에서 노트북을 펼쳐 놓고 이 책을 쓰고 있습니다. 정말 그렇게 되었습니다.

나는 가난한 생각, 가난한 공간, 가난한 행동을 차단했습니다. 대신에 나는 풍요로운 생각, 풍요로운 공간, 풍요로운 행동을 합니다. 늘 돈 벌 생각, 돈이 모이는 공간, 돈을 버는 행동을 합니다.

당신의 미래를 바꾸고 싶습니까?

이 책을 읽는 도중에 당신의 인생을 획기적으로 바꿀 1인플랫폼과 책, 미디어의 천재적인 아이디어가 떠오를 것입니다. 마음에서 뜨거운 열정과 감동이 샘솟을 것입니다.

"최서준 대표님을 보면 저도 모르게 신념이 전염됩니다."

매일 최서준의 강한 신념을 받으면 단기간에 인생이 획기적으로 바뀝니다. 그래서 내 코칭을 받은 사람들은 직장인에서 1인사업가로, 평생 책을 읽던 독자에서 자신의 책을 쓰는 작가로 바뀝니다. 남의 강연만 듣다가 자신의 강연을 하는 강연가로 자신의 위치를 바꿉니다.

디지털 공간의 한 달은 오프라인의 10년, 100년과도 같습니다. 기하급수적인 빠른 흐름이 펼쳐지는 곳이 디지털 세상입니다. 나는 '인생 역전'이 가능할 정도로 큰 꿈을 세우고 실천합니다.

"인생은 선택이다."

당신이 원하는 인생을 살고 싶다면 원하는 인생을 만드는 1인플랫폼, 책플랫폼, 1인미디어를 시작하세요. 그러면 꿈이 단기간에 이루어집니다.

내 안에 창조적인 부가 가득하다

당신은 당신 안에 있는 창조적인 부를 봅니까? 지금 어려운 현상을 봅니까?

난 내 믿음, 내 마음 안에 있는 미래상만 봅니다. 성령님이 내게 이루라고 주신 꿈, 내 마음 안에 있는 미래의 그림만이 온전히 내 것입니다. 나는 이제 사람에게 영향 받지 않습니다. 믿음을 구걸하지도 않습니다.

나는 내 안에 온전한 믿음을 가지게 되었습니다. 난 이 책에서 믿음의 고백을 합니다.

"나는 가난에 허우적거리던 사람입니다."
"나는 미래가 너무 불안했던 사람입니다."
"나는 지혜 없는 어리석었던 사람입니다."
"나는 현실의 어려움에 빠져 괴롭게 살았습니다."

하지만 이젠 모두 옛말이 되어버렸습니다. 나는 이제 궁상떨지 않습니다. 나는 존귀한 자입니다. 나는 부요 믿음으로 가득합니다. 나는 작은 것에서부터 천국의 부를 누리며 살아갑니다. 당신은 지금 현실을 어떻게 살고 있습니까?

"나는 평생 건강하다."
"나는 평생 돈 벌 재능이 가득하다."
"나는 평생 지혜가 가득하다."
"나는 평생 평안이 가득하다."
"나는 내 안에 생명이 가득하다."
"나는 창조적인 부를 나타낸다."

나는 완전히 새 사람으로 다시 태어났습니다. 내가 새 사람으로 다시 태어나니 사업을 해도 성공의 흐름에 올라탑니다. 내가 사람을 만나도 내 평생의 멘토를 만나게 됩니다. 내가 바뀌니 세상이 바뀝니다.

그렇습니다. 당신이 해야 할 것은 누구를 만나러 다니는 게 아닙니다. 먼저 당신 안에 부요와 평안, 지혜와 행복이 가득하다는 것을 깨닫고 그것을 표현하는 것입니다. 그러면 사람들도 그것을 얻고 싶어서 당신을 찾아오게 될 것입니다.

1인브랜딩으로 벤츠를 타라. 제 46 장 – 최서준

평범한 저도 할 수 있을까요?

"평범한 직장인인 저도 과연 할 수 있을까요?"

"저는 별다른 능력이 없어요. 뭐부터 시작해야 할지 잘 모르겠어요." 아닙니다. 당신이 평범하다고 생각하기 때문에 평범한 것입니다. 그러니까 회사를 다니고 직장을 다니는 것입니다. 주변에 평범한 사람과 함께 하기 때문입니다.

난 내 스스로의 가치를 인정합니다. '난 특별한 사람이야. 난 억만장자 대부호가 되었어. 이미 내 안에서 이루어졌어'

당신과 가장 가까운 다섯 명은 무슨 일을 하고 있습니까?

나는 나와 가장 가까운 다섯 명이 내 꿈을 이미 이룬 멘토, 나와 함께 꿈을 이룰 최서준 패밀리입니다. 그런 사람과 함께 하면 나도 그렇게 됩니다.

당신은 어떻습니까? 만약 가장 가까운 다섯 명이 당신의 미래를 함께 이룰 사람이 아니라면 무리에서 빠져나오십시오. 당신을 더욱 평범하게 만드는 주변 사람들과 직장 동료들로부터 말입니다.

나는 시작부터 내가 특별한 사람이라는 것을 깨달았습니다. 나는 직장인으로 살다 죽을 생각이 한 치도 없었습니다. 나는 한번뿐인 내 인생을 디지털 공간에서 플랫포머로 멋지게 살고 싶었습니다. 그리고 나는 꿈을 이루는 과정에 있어 어떤 어려움이 와도 내가 책임지고 그 대가를 치르리라 결단했습니다.

당신은 독립적인 사람입니까?

나는 아주 독립적인 사람입니다. 누군가에게 의존하지 않습니다. 나는 <u>스스로</u> 선택하고 <u>스스로</u> 결단하고 <u>스스로</u> 책임집니다.

그렇다고 과감하기만 한 것은 아닙니다. 나는 안전한 성공의 길을 갑니다. 그래서 내가 원하는 것을 이미 이룬 나의 멘토에게 코치를 받습니다. 나는 오차가 없이 내가 원하는 것을 향해 달려가고 있습니다.

'멘토'는 이미 내가 원하는 것을 이룬 사람이고 그 방법을 아는 사람입니다. 그래서 나는 '안전한 성공의 길'을 갑니다.

당신도 불확실한 미래가 아닌 '안전한 미래' '안전한 성공'이 더 좋지 않습니까?

그 길을 이미 이루고 당신도 가게 해주는 당신만의 멘토를 찾으십시오. 그것이 끝에서부터 시작하는 안전한 성공 비결입니다.

1인브랜딩으로 벤츠를 타라. 제 47 장 – 최서준
지금 사는 게 힘들게 느껴진다면

당신은 국내 대회 선수입니까? 국제적인 선수입니까?

나는 세상을 국제적인 시선으로 바라봅니다. 또 언제든지 국제 무대로 진출할 준비가 되어 있습니다.

나는 지금 인천 국제공항에 와 있습니다. 지금이 새벽 5시가 약간 넘은 시간인데 벌써부터 사람마다 목적지는 다르지만 해외로 가려는 사람들이 붐비고 있습니다.

나는 뉴스나 신문에서 이런 말을 많이 들었습니다.

'중국발 수출 악재, 경제성장율 둔화, 불황형 흑자'

사람들은 지금 경기가 불황인 줄 압니다. 하지만 인천 국제공항에는 매년 명절과 휴가철마다 이런 뉴스가 들려옵니다. '해외 여

행객 사상 최다'

사람들은 언론에서 하는 말, 주변 사람들이 하는 말로 자신의 한계를 짓습니다. 하지만 나는 국제적인 시선으로 세상을 바라봅니다.

'지금이야말로 돈을 벌기에 가장 좋은 시기구나'
'독창적인 아이디어로 1인플랫폼을 하기에 좋겠구나'
'어려운 사람들에게 해결책을 주는 사람이 되면 되겠구나'
'어려울수록 호황인 사업을 하면 되겠구나'
'아예 지구 반대편에 있는 호황인 나라에서 사업을 하면 되겠구나'

당신은 깨달았습니까?

꼭 우리나라가 아니어도 노트북 하나만 있으면 1인플랫폼으로 어디서든 사업을 할 수 있습니다. 나는 국내 경제에 영향 받지 않습니다. 언제든지 국제적인 무대로 진출하리란 자신감이 있기 때문입니다.

나는 국내적인 사업, 국제적인 사업에 모두 마음이 열려 있습니다. 난 사람을 만나도 그 사람을 있는 그대로 받아들입니다. 사람마다 가진 가치가 있기 때문입니다. 난 경제 상황도 있는 그대로 받아들입니다. 어떤 경제 상황이든 기회는 있기 때문입니다.

'지금 경기가 너무 어려워. 경제 자체가 불경기야'

아닙니다. '어렵다' 하는 그 사람이 어려운 것입니다. 어렵다고 믿는 그 믿음이 더욱 어렵게 만드는 것입니다. 나는 처음으로 인천국제공항에 왔습니다.

거대한 규모와 쾌적한 환경을 갖춘 인천국제공항 플랫폼을 보며 세계적인 꿈을 키웁니다. 외국인들도 한국에 오고, 한국 사람도 자유롭게 해외로 가는 모습을 보며 난 앞으로도 뉴욕, 세부, 오키나와, 방콕, 몰디브까지 온 세계를 여행하며 자유롭게 살아야겠다는 결심이 더 굳건히 섰습니다.

나에게는 지금이 최고의 풍요의 시대입니다. 난 아직 시작도 하지 않은 게임의 시작점에 서 있습니다.

앞으로 돈을 더 벌기 쉬워질 것이다.
앞으로 더욱더 돈 버는 난이도가 낮아질 것이다.
앞으로 더욱더 나에게 좋은 환경이 올 것이다.
더 큰 풍요의 시대가 올 것이다.
내 안에서 이미 이루어졌다.

내겐 이런 미래에 대한 믿음이 있습니다. 그리고 그 믿음이 하나씩 현실이 되고 있습니다. 지금이 불경기입니까?

불경기라고 말하는 그 무리에서 빠져나오십시오. 불경기라고 믿는 그 믿음에서 빠져나오십시오.

난 침몰하는 오프라인 기반 일에서 빠져나왔습니다. 이제는 지난 100년과 완전 달라질 다음 10년의 풍요의 시대로 갑니다. 나는 불경기의 무리에서 빠져나왔습니다. 그들과는 말도 하나 섞지 않습니다. 얼굴도 보지 않습니다.

반대로 난 새로운 풍요의 세상으로 갑니다. 나는 새로운 사람들과 어울리고 있습니다. 그들은 저마다 자동 수익원을 하나씩 만들고 있습니다. 앞으로는 "점점 살기 쉬워질 거야, 더 벌기 쉬워질 거야"라고 말합니다.

난 이제 가난과 빈곤을 말하는 집단에서 졸업했습니다. 대신 풍요와 미래를 말하는 집단, 책을 100권 읽으라고 하는 무리가 아닌 책을 100권 쓰라고 하는 무리. 그게 바로 최서준 패밀리입니다. 당신도 얼른 최서준 패밀리에 들어오십시오.

난 앞으로도 인천 국제공항에 자주 오게 될 것 같습니다. 올해 남은 몇 달도 세부, 몰디브, 뉴욕과 세계를 다니며 해보고 싶은 게 너무나도 많습니다. 인천 국제공항에는 불황이 없습니다. 늘 해외를 다니려는 수만 명의 사람들이 이용하고 있습니다. 앞으로는 더 많아질 것입니다.

대 풍요의 시대는 아직 시작도 하지 않았습니다. 가슴 뛰는 미래가 나를 기다리고 있습니다. 당신도 이젠 "경기가 어렵다, 요즘 왜 이렇게 어렵냐" 징징대는 무리에서 벗어나십시오. 앞으로 "돈 벌기가 점점 더 쉬워질 것이다, 디지털 공간을 잘 활용해 큰 부를 얻었다"고 믿음의 고백을 하는 믿음의 사람과 함께 하십시오.

1인브랜딩으로 벤츠를 타라. 제 48장 - 최서준

첫 책을 베이징 택시 안에서 쓴 이야기

당신은 책을 써 본 경험이 있습니까?

나는 지금 중국 베이징에서 이 책을 쓰고 있습니다. 나에게 시간은 곧 돈입니다. 난 중국 베이징에 와서 지하철을 타지 않고 택시를 탑니다. 뒷자리에선 나의 깃털같이 가벼운 1킬로그램도 안 되는 노트북으로 내 책을 써냅니다. 간절하기 때문입니다.

당신은 시간이 없다고 말합니까?
당신은 돈이 없다고 말합니까?
당신은 재능이 없다고 말합니까?
아닙니다. 시간, 돈, 재능은 당신 안에 이미 있습니다.

난 시간 부자입니다. 지금도 10분, 20분 되는 이동 시간을 활용해 책을 쓰고 있습니다. 나는 시간을 지혜롭게 씁니다. 언제나 스마트폰과 노트북으로 책을 씁니다. 없으면 메모를 해 놓습니다. 이렇게 책을 하루에도 몇 번씩 쉽게 써나갑니다.

당신의 얼굴과 이름과 스토리가 박힌 럭셔리한 책이 없습니까?

그렇다면 앞으로도 늘 새로운 사람을 만나 나를 홍보해야 합니다. 그가 나를 믿지 않는다면 아무리 미팅을 해도 허송세월로 끝날 것입니다.

난 책을 쓰기 전엔 상담을 하느라 하루의 많은 시간을 보냈습니다. 책이 일하는 게 아니라 내가 일했기 때문입니다. 하지만 이제는 내가 일하지 않고 책이 나 대신 상담하게 만들었습니다.

책이 나의 깨달음과 지혜, 원리를 상대에게 전해줍니다. 책이라는 소중한 내 분신이 전국과 세계를 다니며 일하고 있습니다. 그러면 또다시 나는 더 많이 벌게 됩니다. 일하는 시간은 지금의 절반으로 줄어들 것입니다.

나는 일을 안 하기 위해 노력합니다.

어떻게 하면 조금 일할 수 있을까?
어떻게 하면 더 자동화 할 수 있을까?
어떻게 하면 한번만 해두면 계속 돈이 벌릴 수 있을까?
난 스스로 궁리하며 깨닫습니다.
난 깨달아 내 책과 영상으로 사업을 자동화합니다.

지금 이 책도 내가 고객을 만나서 할 말을 미리 책에 써두는 것입니다. 네 고객이 전국 어디에 있든 내 강연을 볼 수 있습니다. 1인미디어 플랫폼의 힘입니다.

당신도 1인미디어를 내게 코칭받으면 당신의 사업이 자동화됩니다. 당신이 할 말을 책으로 영상으로 만들어 내게 됩니다. 한번 만들어두면 평생 자동화되는 제품인 것입니다.

난 해외에 있어도 스마트폰 하나면 페이스북과 유튜브를 통해 동시에 수천 명, 수만 명에게 나를 알릴 수 있습니다. 내가 해외에 있어도 내 책과 말, 글이 대신 일해 줍니다.

나는 일을 안 하기 위해 시스템을 만들고 자동화를 합니다. 내 시간보다 더 소중한 것은 없기 때문입니다. 나 같은 1인플랫포머에게 가장 창조적인 상상을 하고, 창의적인 시간을 가지는 시간보다 더 소중한 것은 없습니다.

왜 평생 가도 내 책을 단 한 권도 써내지 못할까요?

첫째, 평생 책 한 권을 써야겠다는 생각조차 못합니다.
둘째, 주변에 실제로 책을 써 본 사람이 없습니다.
셋째, 책을 써도 자기계발서로 끝나 버립니다.

난 지혜롭게 시대를 앞서 준비했습니다. 그래서 1인플랫폼이라는 시스템을 만들었습니다. 당신도 1인플랫폼 시스템으로 스마트폰 하나로 모든 것이 컨트롤 되는 자유를 얻으십시오.

1인브랜딩으로 벤츠를 타라. 제 49 장 - 최서준
주변의 부정적인 사람을 다 차단한 이야기

당신은 부정적인 사람을 보면 어떻게 합니까?

나는 부정적인 사람, 부정적인 환경, 부정적인 장소를 모두 차단합니다. 냉정하게 차단합니다. 나는 결단력 있는 사람입니다.

내 코치는 내게 이렇게 말했습니다.

"작가님, 지금 굉장히 마음이 급해 보입니다. 무슨 일 있습니까?" "아닙니다. 곧 약속이 있어서 그렇습니다."

나는 순간 깨달았습니다. 내가 중요하지 않은 것들로 인해 정작 중요한 코치와의 시간을 조급하게 보내고 있다는 것을. 그리고 결단했습니다.

'내가 인생에 소중한 것을 얻기 위해선 시시한 것들은 졸업해야

겠구나. 하루에 한 가지 목표에 집중하기에도 바쁜데 시간 도둑들에게 모두 내 시간을 빼앗기고 있구나' 나는 그때부터 세 가지 깨달음을 얻었습니다.

첫째, 부정적인 말을 차단하라

당신은 긍정적인 말이 좋습니까? 부정적인 말이 좋습니까?

난 내 안에 오직 믿음의 말만 담습니다. 난 불황이라고 말하지 않습니다. 내겐 오히려 호황의 시대가 올 것입니다.

내 주변엔 믿음의 말을 하는 사람만 있습니다. 내가 부정적인 말을 하는 사람은 다 차단했기 때문입니다. 뉴스를 보면 때로는 부정적인 뉴스가 나올 때도 있습니다.

난 그런 이야기를 들으면 '그래. 나는 내가 먼저 솔선수범 하는 리더가 되어야지' 깨달음을 얻고 그 위 단계로 넘어갑니다. 난 누군가를 비판하지 않습니다. 배울 점이 있으면 그의 장점을 깨닫고 내 것으로 만듭니다.

당신도 당신이 원하는 목표를 이야기 하는 믿음의 사람과 함께 하십시오. 당신이 세상을 바꾸는 리더가 되십시오.

둘째, 부정적인 환경을 차단하라

당신은 환경을 활용합니까? 환경에 빠져듭니까?

난 환경을 지혜롭게 활용합니다. 난 특급호텔에 자주 갑니다. 오늘은 내 '나는 매일 월급 받는 1인사업가' 책이 출간되는 날이라 삼성동의 파크하얏트 호텔에서 커피 한잔을 했습니다.

깨달음이 가득했습니다. 부요가 가득했습니다. 럭셔리가 온몸으로 느껴졌습니다. 난 내 환경을 부요한 환경, 럭셔리한 환경으로 채웁니다. 부정적인 환경은 모두 차단했습니다.

"회사 부장님 때문에 너무 힘들어, 요새 너무 힘들어"

당신은 그 이야기를 다 들어주고 있습니까? 같은 위치에서 위로를 해주고 있습니까?

진정 그들을 위한 답은 뭘까요? 바로 당신이 먼저 답을 찾고 답을 가진 입장에서 해결책을 주는 것입니다.

당신이 먼저 깨달음을 가진 작가가 되고 강연가가 되고 사업가가 되어서 그들에게 앞길을 제시하십시오. 내게 세일즈로 억대 수입을 올리는 한 독자가 조언을 구해 그분에게 말했습니다.

"힘든 것은 압니다. 보험 영업을 하며 하루에도 두 명 세 명 고객을 만나다 보면 다양한 이야기가 있을 것입니다. 보험 고객 한명을 만나러 KTX 타고 나주에 간 이야기, 약속 장소가 바뀌어 서로 대화가 되지도 않는 시끄러운 공장 건물에서 계약을 한 이야기, 모든 이야기를 이제는 책으로 써내십시오. 내가 도와드리겠습니다. 흘려보내지 말고 혼자만의 경험담으로 남기지 마십시오. 책으로 써서 작가가 되십시오." 그분은 나와 함께 자신의 이름과 얼굴이 박힌 책을 써내고 있습니다.

난 상황을 다스립니다. 내 시간은 그 무엇보다 소중합니다.

셋째, 시간을 아끼라. 내 인생의 세월은 무엇보다 중요하다

난 남의 사업을 두리번두리번 쳐다보는 일, 뚜렷한 목적도 없이 사람을 만나 허송세월 하는 일 모두 차단합니다. 고요하고 조용한 환경에서 난 나만의 시간을 가지며 책을 씁니다.

내겐 성령님이 맡긴 내 꿈이 가장 소중합니다. 꿈을 함께 이룰 사람은 내가 시간과 내 열정을 투자해서 돕습니다. 꿈을 막는 사람은 과감하게 차단합니다. 부정적인 시간에서 빠져나옵니다.

나는 오늘도 결단합니다. 새로 차단할 환경, 새로 차단할 사람, 새로 차단할 시간. 그리고 또 다른 결단을 합니다. 새로 만날 환경, 새로 만날 사람, 새로 만날 시간.

나는 내 앞길을 막는 것은 과감하게 결단하고 차단하고 졸업합니다. 나는 내 앞길과 함께 할 것, 내 앞길을 열어 주는 것은 결단하고 새로운 세계로 들어갑니다.

난 정신이 부정적이게 될 수가 없습니다. 지금 내 곁에는 모두 긍정적이고 나와 함께 할 최서준 패밀리의 사람들입니다.

당신과 같은 내 독자, 내 고객, 내 멘토와 함께 합니다. 지나고 나니 지금은 꿈을 향해 더 빠른 속도로 무섭게 달려가게 되었습니다. 당신도 결단하십시오. 당신도 차단하십시오. 그리고 1인플랫폼으로 믿음의 사람을 만나십시오.

1인브랜딩으로 벤츠를 타라. 제 50 장 - 최서준
앞으로 돈 벌기가 점점 더 쉬워질 것이다

　당신은 알파고와 이세돌이 붙은 세기의 바둑 격돌을 기억합니까? 나는 아직도 생생히 기억합니다. 구글이 만든 최첨단 인공지능으로 무장한 알파고와 인간계 최고 이세돌이 맞붙었기 때문입니다. 세계적인 이슈를 불러 모았고 바둑을 두는 법도 모르는 나조차도 5번의 대국 중 누가 이길까 가슴을 조마거리며 봤습니다.

　대부분의 사람들은 같은 한국인이고 같은 인간으로써 이세돌을 응원했을 것입니다. 그게 당연해 보입니다. 하지만 나는 조금 달랐습니다. 알파고를 응원했습니다. 왜인지 의아하지 않습니까? 보통은 이세돌 선수를 응원해야 정상인데 말입니다.

　그 이유는 심플합니다.

첫째, 나는 늘 기존의 패러다임이 바뀌기를 원합니다.

나는 늘 새로운 거대한 흐름이 다가와 판을 바꿔 놓길 원합니다. 그러면 나는 기존의 판에선 빛을 못 봤더라도 새로운 판에서는 가장 먼저 기회를 잡을 수 있습니다. 진취적으로 변화에 적응해 주인공이 될 수 있다는 믿음이 있기 때문입니다.

나는 오프라인 기반의 취업, 스펙, 자영업이 아닌 새로운 흐름, 디지털 공간의 거대 흐름이 다가 올 거란 것을 알았고 그 흐름 위에 가장 먼저 올라타 최고의 수혜자가 되고 싶은 꿈이 있었습니다.

지금으로부터 10년 전, 20년 전에는 우리 주변에 손바닥보다 더 큰 비디오테이프를 빌려 보는 비디오 대여점이 많지 않았습니까? 주식을 주문할 때도 벽에 빼곡히 상승을 알리는 빨간색, 하락을 알리는 파란색 글씨로 각 회사마다 가격이 적힌 증권사 객장에 가서 종이로 직접 주문했습니다.

하지만 10년, 20년이 지난 지금은 어떨까요? 비디오 대여점은 지구상에서 사라진 공룡처럼 흔적도 없이 사라졌습니다. 그 다음에 생겨난 DVD대여점 역시 지금은 다 사라졌습니다. 증권사 객장 역시 사라져 지금은 누구나 HTS 프로그램으로 인터넷에 접속해 주식을 매수 매도합니다.

앞으로는 더 빠른 속도로 변화가 일어날 것입니다. 변화에 적응하지 못하는 일반 직장인과 취업 쥰비생은 흔적도 없이 사라진 공룡처럼 기회를 잃어버리게 될 것입니다.

변화에 적응하지 못한 사업자와 자영업자들은 흔적도 없이 사라질 것입니다. 비디오방과 증권사 객장처럼 매장이 송두리째 사라져 버리고 밥줄이 끊겨 버릴 것입니다.

둘째, 나는 늘 새로운 패러다임이 혁명적인 변화를 만들어 내길 원합니다. 변화엔 위기만 있을까요? 아닙니다. 당연하게도 대다수는 변화에 적응하지 못해 도태되고 밥줄을 걱정해야 하는 처지로 내몰립니다. 하지만 소수의 부를 얻는 사람들이 있습니다.

비디오방, DVD방이 쉴 새 없이 생겼다가 사라지고 폐업했습니다. 그 대신 누가 순식간에 수십억, 수백 억대 부자가 되었을까요?

그 자리엔 아프리카TV 같은 1인 방송, 혹은 곰플레이어 같이 영화를 보여주는 동영상 프로그램의 설립자가 있을 것입니다. 기존 기회가 사라지는 걸 잘 파악하고 새로운 흐름에 올라탔다는 공통점이 있습니다.

이세돌 선수와 알파고의 바둑을 보면서 '알파고의 인공지능이 이긴다면 5년, 10년 안에 어떤 거대한 기회가 생길까?' 난 1인플랫폼의 미래를 깨닫고 시작했습니다. 당신도 무언가를 시작할 계기가 필요합니까? 이 책을 읽는 지금이 그 때입니다.

셋째, 나는 혁명적인 변화를 만들어 낸 디지털 혁신가를 연구합니다. '알파고의 아버지'라는 별명이 붙은 구글 딥마인드 대표 데미스 하사비스를 압니까?

나는 구글이 만든 인공지능으로 도무지 불가능으로만 여겨지던 바둑 세계에서 컴퓨터가 이세돌 선수를 이기는 것도 신기했습니다. 하지만 한편으론 도대체 그 인공지능을 만든 사람은 누구일까

하는 궁금증을 가지게 되었습니다.

세계적인 플랫폼도 시작은 1인플랫폼으로 시작했다

그 주인공인 데미스 하사비스는 영국의 인공지능 사업가입니다. 13세의 나이에 체스 최고봉인 마스터 등급에 올랐고 17살에 게임 개발과 프로그래밍을 시작해 블랙&화이트 등 유명한 게임도 몇 개 만든 천재적인 인물입니다.

또한 자신의 재능을 게임에만 한정시키지 않았습니다. 딥마인드라는 인공지능 회사를 만들었습니다. 그 회사의 시작도 처음엔 1인으로 시작했습니다. 그것이 1인플랫폼입니다.

지금은 구글과 힘을 합쳐 인공지능을 통해 인간의 삶을 더욱 풍요롭게 만드는 플랫폼이 되었습니다.

천재들의 집단 구글과 페이스북, 페이팔 그곳에 속한 인물들의 면면만 살펴봐도 정말 놀라움을 자아냅니다. 그리고 그들이 어떻게 성장했는지 보면 결국 천재들은 새로운 것에 도전하는 것을 알 수 있습니다. 그걸 이루기 위해 될까 말까가 아닌 그런 생각도 들지 않을 정도로 몰입한다는 것을 알 수 있습니다.

난 이세돌 선수와 알파고의 대국이 마침내 알파고의 승리로 끝나던 그날 마지막까지 최선을 다하는 이세돌 선수의 모습에서 깨달음을 얻었습니다. 인간계 최강의 프로다운 모습, 패배가 확정되고도 끝까지 지난 수를 돌아보며 이유를 밝혀낸 부분에서 이세돌에게서 휴머니즘과 강한 감동을 느낄 수 있었습니다.

한편으론 알파고의 승리를 통해 앞으로 디지털 공간엔 거대한 혁신적인 변화를 직감했습니다. 인공지능으로 펼쳐질 미래의 기회를 잡아보잔 생각으로 가득했습니다.

난 기회를 잡은 디지털 시대의 풍운아가 되었다

그때의 여운을 간직한 채 며칠 후 나는 1인플랫포머로써 카페를 만들고 내 칼럼을 생산 해냈습니다. 알파고를 보며 난 미래의 빠른 변화를 직감했고 자극을 받아 정말로 시작해 내 인생 역시 바뀌었습니다. 나는 디지털 시대가 낳은 풍운아입니다.

지금은 책을 쓰는 게 너무 재미있어 책을 쓰는 데에 집중하고 있습니다. 당신은 당신만의 영원한 트렌드를 위해 무엇을 하고 있습니까? 앞으로 다가올 거대 흐름에 올라타기 위해 어떤 준비를 하고 있습니까?

난 오늘도 책을 쓰며 깨닫습니다. '이렇게 세상은 빠르게 변하고 있는데 난 무얼 해야 할까? 내 생각의 속도는 시대의 변화보다 더 빠른가?' 난 1인플랫포머로써 미래를 개척하는 사람입니다.

1인브랜딩으로 벤츠를 타라. 제 51 장 - 최서준
천재 사업가는 휴식하며 아이디어를 얻는다

당신은 하루에 휴식을 얼마나 합니까?

나는 잠도 7시간씩 푹 잡니다. 몸이 피곤하면 스파에 가서 휴식을 취합니다. 나는 1인사업가가 된 후로 시간에서 자유로워서 휴식도 마음껏 취합니다.

당신은 하루에 얼마나 나를 위한 휴식 시간을 갖습니까?

내가 직장에 다닐 때는 늘 시간에 쫓겨 다녔습니다. 몇 달간 메르세데스 벤츠 자동차의 번호판을 달아 주는 일을 한 적이 있습니다. 월말이 되면 한꺼번에 많은 차가 출고되어 하루 종일 번호판을 달아 주러 왔다 갔다 했습니다.

회사 과장님은 조금이라도 더 빨리 오라고 닦달했습니다. 마음이 항상 불안했습니다. '정작 이게 누구를 위한 삶이지? 한번뿐인 내 인생인데 지금 내가 하는 일이 내 삶의 가치를 올려 주는 일인가?' 난 먹고 살기 위해 직장에서 일을 성실히 했습니다. 하지만 내 인생을 위한 일은 아니었습니다.

전교1등이 되지 말고 당신이 학교를 세워라

내가 1인플랫포머가 되고 나서도 마음이 항상 불안했습니다. '오히려 쉬는 것보다 부지런히 뭔가를 할 때 차라리 마음이 편해'

난 쉬는 대신에 계속 칼럼을 쓰거나 마케팅을 하거나 뭔가를 계속 했습니다. 난 일의 노예였습니다. 일중독이었습니다.

난 일을 안 하면 너무나 불안했습니다. 고등학교 전교 1등의 시간표가 나온 기사를 저장해 놓고 전교 1등의 하루 스케줄을 분석했습니다. 그리고 아침 6시에 일어나 오전 공부, 점심, 오후 공부, 저녁, 야간 공부, 심야 공부 스케줄로 가득 차 있는 그들처럼 나도 일 중독자가 되겠다고 다짐했습니다.

'난 아직 할 것이 너무나 많아. 하루에 15시간이든 자는 시간을 아껴서 20시간이든 일을 하루 종일 해서 미친 듯이 해 나가야 돼'

난 내 스스로를 극한까지 몰아붙이고 싶었습니다. 차라리 그게 마음 편했기 때문입니다. 하루는 내 모습을 본 내 멘토가 이런 말을 남겼습니다.

"최서준 작가님, 왜 이렇게 안 쉬고 일만 하세요?"

"네, 하하, 저는 일을 하는 게 더 편합니다. 쉬는 것 보다요."

"작가님, 지금 작가님은 학교에서 전교 1등 하듯이 하루 종일 뭔가 바쁘게 움직이고 있습니다. 하지만 우리는 문제집을 달달 외우는 수재와 영재 삶이 아닙니다. 독창적인 지혜로 큰 부를 얻는 천재의 길을 갑니다. 천재는 휴식을 취하면서 크게 깨닫고 한 번에 크게 거둬들입니다."

난 머리를 망치로 맞은 것처럼 큰 깨달음을 얻었습니다.

'난 전교 1등이 아니야. 학교를 만드는 사람이지. 난 미친 듯이 연습하는 운동선수가 아니야. 최고의 구단을 거래하고 최고의 리그를 만드는 플랫포머야. 내가 왜 이걸 잊고 지냈지?'

당신은 지금 인생을 어떻게 살고 있습니까? 잠은 충분히 자고 있습니까? 주말마다 가족과 행복한 시간을 충분히 보내고 있습니까? 마음속에 '마음 편하게 살고 싶다. 푹 쉬고 싶다' 이런 마음이 있진 않습니까?

나도 그랬습니다. 늘 만성 피로에 시달렸습니다. 그렇다고 쉬면 몸은 편하지만 마음이 불안했습니다. '내가 이렇게 천하태평으로 쉬어도 되나?' 그래서 쉬는 내내 마음이 무거웠습니다.

'차라리 미친 듯이 일만 하자' 이렇게 마음먹고 다시 일에 파묻혀 사니 삶에 평안이 없었습니다. 난 성령님이 주신 휴식의 깨달음을 얻기 전엔 이렇게 극도로 피곤한 삶을 살았습니다.

심지어 '한국에서는 쉬지 않는다. 미친 듯이 일하고 하루에 잠을 4시간만 자고 20시간씩 일해서 충분히 성공하면 해외여행을 가자. 잠은 해외여행에 가서 나 자신에게 주는 선물로 주자' 스스로 이런 다짐도 했습니다.

지금 생각하면 웃음만 나옵니다. 난 이제 어리석은 생각을 하지 않습니다. 나는 이제 더 이상 피곤하지 않습니다.

성령님은 내게 지금 말합니다.

"앞날은 내가 열어 줄 테니 풍요를 마음껏 누려라. 어차피 벌 위치에 왔으니 부요가 따라온다."

왜 나는 예전에 일에 중독된 것 마냥 피곤하고 바쁜 삶을 살았을까요? 왜 1인플랫포머가 된 이후로도 일에 빠져 지냈을까요?

내 의식 수준이 이전에 살던 봉급자, 자영업자의 마인드에 머물러 있었기 때문입니다. 일하는 시간만큼 돈을 버는 봉급자의 마인드가 남아 있었기 때문에 일을 안 하면 돈이 안 들어오는 줄 알고 불안했습니다.

매장을 비우면 사업이 안 돌아가는 자영업자처럼 내가 늘 자리를 지키고 컴퓨터 앞에 앉아서 바쁘게 손을 움직였습니다.

난 내가 정립한 천재적인 1인플랫폼의 원리를 깨닫고 휴식하는 시간에 가장 값진 아이디어가 떠오른다는 것을 깨달았습니다. 성령님은 내게 럭셔리한 아이디어를 하나 주면 그걸로 얼마를 벌지 계산조차 되지 않습니다.

난 이제 휴식을 즐깁니다. 특급호텔에 가서 커피 한잔의 여유시간을 가집니다. 사우나와 스파에 가서 따뜻한 물에서 내 몸을 이완합니다. 내 피부에 뾰루지가 생기면 피부 관리실에 가서 관리를 받아 생기 넘치는 피부를 유지합니다. 모두 나 자신에게 하는 투자라고 생각하고 과감하게 투자합니다.

난 가뭄에 쩍쩍 갈라지는 메마른 땅 같은 삶을 졸업했습니다. 이제 수분기가 가득하고 비옥한 가나안 땅 같은 인생을 살고 있습니다. 예전엔 휴식을 취하면 죄책감이 들었습니다. '내가 이렇게 편하게 쉬어도 되는 건가?'

하지만 이젠 일하는 시간보다 휴식하는 시간을 즐깁니다.

'내가 럭셔리한 휴식, 럭셔리한 장소, 럭셔리한 시간을 보내야 내 사업도 럭셔리하게 되는 거야. 1시간을 일해도 천만 원, 1억을 벌 수 있어. 난 천재, 자산가의 세계에 들어 왔어'

난 아이디어가 폭발하는 휴식 시간을 마음껏 즐깁니다. 몸과 마음을 이완하는 음악을 들으며 창조적인 상상을 합니다. 난 어딘가에 사로잡혀 있는 삶을 졸업했습니다.

당신도 나와 같이 1인플랫폼으로 자유로운 삶을 누리십시오. 이런 삶이 상상이 되지 않습니까? 당신의 의식 수준을 봉급자, 자영업자의 수준에서 천재의 수준으로 빠르게 올리십시오.

내 책에 담긴 지혜와 깨달음으로 당신도 단기간에 신분을 천재의 삶, 자산가의 삶으로 변화시키십시오. 천재 사업가는 휴식하는 시간에 천만 원, 1억을 버는 아이디어를 떠올립니다. 내 삶은 완전 바뀌었습니다. 당신은 깨달았습니까?

첫째, 일하는 시간만큼 돈 버는 봉급자의 마인드를 졸업하라.

둘째, 자산가와 사업가는 휴식하는 시간에 돈을 번다.
셋째, 휴식하는 즐거움을 마음껏 누려라.

난 휴식하는 시간에도 성령님과 함께 대화를 나눕니다.
'내 안에서 이미 이루어진 미래를 봅니다. 이미 다 이루었음'
난 이제 휴식을 하면서도 몸도 상쾌합니다. 마음도 쾌적합니다. 맑은 바람이 솔솔 부는 공기, 파란 하늘, 풍요의 미래에 대한 믿음, 이것들이 내 휴식을 도와줍니다.
당신은 혹시 지금 어떤 휴식을 하고 있습니까?
당신은 돈 버는 아이디어를 얻는 시간을 주기적으로 가집니까?
사람의 힘으론 안 되는 힘도 성령님이 주시는 깨달음으로 한 순간에 넘어서십시오. 무리를 지어 바쁘게 움직이는 영재와 수재의 삶을 졸업하십시오.
이젠 난 독립자로 이 세상에 오로지 성령님과 단 둘이 교제하며 힘을 얻습니다. 그래서 사람의 눈치를 볼 일도 없습니다. 인간 관계로 고민하지 않습니다.
조용하게 나만의 시간을 가지며 휴식을 취합니다. 때론 휴대폰도 모두 꺼둡니다. 내 삶보다 더 소중한 것은 없기 때문입니다.
당신도 휴식을 통해 지금의 어려움을 벗어나고 당신이 원하는 부요한 삶, 자산가의 삶을 이루십시오. 억만장자 사업가는 모두 그랬습니다. 휴식은 억만장자 사업가가 되는 첫 번째 비결입니다.

1인브랜딩으로 벤츠를 타라. 제 52 장 – 최서준

당신의 영혼 배터리를 충전하라

당신의 영혼 배터리는 지금 가득 차 있습니까?

나는 매일 영혼 배터리를 가득 채우고 세상에 나옵니다. 내겐 몸과 마음, 영혼을 생기 넘치게 하는 영혼 배터리가 가득 합니다.

과연 내가 처음부터 이랬을까요? 아닙니다.

혹시 당신은 영혼 배터리가 15% 밖에 남은 상태이진 않습니까? 매일 반복되는 일상, 주변의 부정적인 뉴스, 금전적인 고민으로 인해 심신이 지쳐있진 않습니까?

나도 예전엔 그랬습니다. 내가 성령님이 주신 에너지를 얻기 전엔 난 늘 불평불만이 많았습니다. 난 다른 사람에게 고민을 털어 놓는 성격도 아니었습니다.

'왜 이렇게 내 삶은 힘든 거야. 먹고 사는 게 이렇게 힘든데 하루하루 어떻게 살아가지?'

난 스스로 끙끙 앓았습니다. 난 내 영혼의 문제를 살피기도 벅찼습니다. 그런 상황에서 행복이란 단어는 내게 사치일 뿐이었습니다. 자유란 단어도 내겐 꿈만 같은 단어였습니다. 현실같이 느껴지지 않았습니다.

당신은 마음에 걱정이 많습니까? 염려 근심이 많습니까? 금전적인 고통이 많습니까? 그 일들이 당신의 영혼의 배터리를 더 갉아 먹고 있는 것입니다. 휴대폰에 배터리가 15% 밖에 남지 않으면 초조한 것처럼 당신의 마음도 초조할 것입니다.

난 현실의 문제에 매여 영혼이 고갈되었습니다. 사는 게 괴로웠습니다. 미래에 꿈꾸는 1인플랫포머의 꿈은 있었지만 그저 꿈일 뿐이었습니다. 하지만 지금 내겐 더 이상 돈 걱정이 없습니다. 1인플랫포머로 내 꿈을 실현했습니다.

어떻게 그것이 가능했을까요?

첫째, 난 내 문제를 성령님께 맡깁니다.

난 내 스스로 고민하지 않습니다. 힘든 문제가 와도 성령님께 맡기고 난 내가 할 수 있는 일부터 처리해갑니다. 그러면 마음도 가볍고 미래를 향해 추진력 있게 밀고 나갈 수 있습니다.

둘째, 난 돈 한 푼에 쩔쩔 매는 삶을 졸업했습니다.

난 내 생계를 꾸리는 것도 벅찼습니다. 늘 돈 걱정 때문에 마음이 한시도 가벼울 틈이 없었습니다. 하지만 이젠 난 돈 문제를 졸업했습니다.

아주 신기하게도 내가 돈 벌 능력, 돈 벌 제품, 돈 벌 공간을 가지게 되니 내 제품을 하나만 팔아도 이전에 회사에 다니며 받던 월급보다 더 많아졌습니다. 난 이제 부요롭고 아주 자유롭습니다.

셋째, 난 성령님의 지혜를 구하는 독립자가 되었습니다.

난 지혜를 구하고 '감사합니다. 이미 이루었음'이라고 믿습니다. 난 현실의 상황을 보며 불평불만 하지 않습니다. 이제는 감사함으로 고백합니다.

당신은 하루를 어떻게 보내고 있습니까?

당신의 영혼 배터리가 방전되어 있진 않습니까?

영혼 배터리는 방전되었는데 내 힘과 내 의지로 현실에 부딪히니 더 힘들어지진 않습니까?

이제 그것을 중단하고 성령님께 지혜를 구하십시오. 돈을 벌려고 해도 영혼의 배터리가 가득 차 있어야 합니다. 그래야 생기와 활력이 넘칩니다. 고객은 그런 사람에게 돈을 냅니다.

생각해보십시오. 어떤 고객이 아주 지치고 힘들어 보이고 기가 죽어있는데 그 사람을 믿고 계약을 하겠습니까?

몸의 배터리를 가득 채우십시오.
마음의 배터리를 가득 채우십시오.
영혼의 배터리를 가득 채우십시오.

그것이 돈을 버는 비결입니다. 난 예전에 쉴 틈도 없었습니다. '쉴 시간에 부지런히 손을 놀려서 돈을 한 푼 더 벌어야지'라고 생각했습니다.

하지만 이젠 난 휴식이 좋습니다. 내 마음이 평안해지는 동안 내 몸과 마음, 영혼에는 배터리가 계속 충전됩니다. 그냥 충전이 아니라 '고속 충전' 배터리입니다.

휴대폰 배터리는 한 시간을 충전해야 가득 차지만 내 마음은 성령님이 지혜와 힘을 부어주시면 눈 깜짝 할 사이에 가득 찹니다.

당신은 고장 난 배터리입니까? 아니면 아예 배터리도 없습니까? 어떤 상황입니까?

난 내 행복을 뺏어가는 어리석은 생각을 버렸습니다.
난 내 평안을 뺏어가는 어리석은 생각을 버렸습니다.
난 내 시간을 뺏어가는 사람들을 다 차단했습니다.
난 사람에게 정으로 얽매이지 않습니다.
당신도 단독자로 서십시오.

영혼의 배터리가 가득 차면 어차피 돈은 안 벌고 싶어도 벌게 됩니다. 그게 돈을 거두는 위치이기 때문입니다. 내가 그렇습니다. 난 늘 속으로 말합니다.

'이제 못 벌고 싶어도 못 벌수가 없다'

정말 그렇습니다. 당신이 이 책을 읽는 동안에도 전국의 서점에서 내 책이 진열되어 있고 계속 팔리고 있습니다. 인세 소득이 계속 들어옵니다. 럭셔리셀러, 1대1코칭, DVD교재, 오디오북, 아주 다양합니다. 내 제품이 모두 내 파이프라인입니다.

이 모든 것이 어떻게 가능했을까요? 내 영혼의 배터리가 가득 차 있기 때문입니다. 내 지혜의 배터리가 가득 차 있기 때문입니다. 난 영혼과 지혜의 배터리를 가득 채웁니다.

난 세상 사람들과 경쟁하는 위치를 졸업했습니다. 구름 위에서 고요하게 시간을 보냅니다. 난 영혼을 살피는 지혜로운 사람입니다. 당신은 어떤 길을 가고 있습니까?

멘토는 내 인생의 내비게이션이다

당신은 당신이 꿈꾸는 미래를 이뤄줄 사람을 만나고 있습니까? 당신에게 어떤 멘토가 있습니까? 난 멘토를 만나 단기간에 작가, 강연가, 플랫포머가 되었습니다.

1인브랜딩의 멘토가 있습니까?
1인플랫폼의 멘토가 있습니까?
1인미디어의 멘토가 있습니까?
책플랫폼의 멘토가 있습니까?
천재강연가의 멘토가 있습니까?

럭셔리세일즈의 멘토가 있습니까?
삶의 멘토가 있습니까?
행복의 멘토가 있습니까?

내겐 앞날이 낯선 땅이 아닙니다. 휴대폰 내비게이션처럼 "우회 전하세요. 직진하세요. 속도를 줄이세요. 잠깐 휴게소에 쉬었다 가세요." 계속해서 내게 지혜를 주는 멘토가 있습니다.

그래서 나는 네 시간, 다섯 시간 운전을 하고 나면 어느새 성공이란 종착점으로 가게 됩니다. 그 곳에서 푹 쉬고 멋진 풍경을 보고 이번엔 또 다른 행복으로 떠납니다.

새로운 곳에 가고 싶으면 인천공항에 가서 베이징이든 도쿄든 어디든 정확히 내비게이션을 찍고 떠납니다. 그래서 난 헤매지 않습니다. 당신은 당신만의 내비게이션이 있습니까?

인생의 네비게이션인 멘토를 만나 당신도 정확히 행복과 성공, 부요와 평안이라는 종착점으로 가십시오.

[감사의 글]
"1인브랜딩으로 억만장자 대부호가 되라"

　'1인브랜딩으로 벤츠를 타라' 드디어 제목만 들어도 가슴이 뛰는 저의 분신이 또 하나 세상에 태어났습니다. 제가 작가가 되어 새로운 인생을 살게 된 것이 매일 새롭고 감사합니다.

　"1인브랜딩으로 억만장자 대부호가 되라"

　당신의 마음속에는 위대한 열정이 있습니까?

　1인브랜딩은 그것을 현실로 만들어 줄 것입니다.

　"미루면 후회하고 이루면 행복하다"

　당신은 꿈을 미루고 있습니까? 아니면 이루고 있습니까?

　어느 덧 내 책이 벌써 열 권 세상에 태어났습니다. 한 권만 써도 가문의 영광이요 성공한 작가로 인정받는데 난 참 많은 축복을 받았습니다. 감사한 분들이 참 많습니다.

처음부터 지금까지 한결같이 부요의 길과 행복의 길로 이끌어 주신 장열정 회장님께 감사드립니다. 열정그룹에서 작가, 강연가, 기업가의 꿈을 모두 이뤘습니다.

저에게 천재 대부호의 세상을 알려 주신 김열방 목사님에게도 감사의 말을 올립니다. 성경에 나오는 채색 양의 길을 깨닫고 나는 희소한 재능, 희귀한 재능을 깨닫게 되었습니다.

마지막으로 성령님, 감사하고 또 감사합니다. 늘 목마르고 가난하고 어리석고 후회 속에 빠져 살던 한 사람이었습니다. 이젠 성령님과 얼굴을 봅니다. 성령님과 대화합니다. 성령님을 모시고 다닙니다. 성령님께 도움을 구합니다.

당신 안에 부요가 가득합니다.
당신 안에 평안이 가득합니다.
당신 안에 행복이 가득합니다.
당신의 삶을 축복합니다.

크게 성공하는 비결을 깨닫고 주위에 강한 영향력을 끼치는 천재리더가 되십시오. 당신은 이 책을 통해 크게 성공했습니다. 당신과 나는 이미 특강에서 만났습니다. 평생 함께 1인플랫폼으로 시작해 억만장자 내부호의 길을 갔습니다.

축하합니다. 억만 번이나 축하합니다.

최서준의 '1인브랜딩으로 벤츠를 타라'

초판 1쇄 인쇄 | 2017년 11월 06일
초판 1쇄 발행 | 2017년 11월 09일

지은이 | 최서준
발행인 | 최서준
발행처 | 퓨쳐 인베스트
등록일 | 2016년 10월 28일, 제2016-117호
주소 | 서울특별시 송파구 백제고분로11길 8-14, 304호 (잠실동)
전화 | 010.4049.2009
메일 | cddmh@naver.com

본 제작물의 저작권은 '퓨쳐 인베스트'가 소유하고 있습니다.
저작권법에 의하여 한국 내에서 보호를 받는 저작물이므로
무단 전제와 무단 복제를 금합니다.

ISBN 979-11-883491-2-8 03320

책값 2만원